寻找大语文系列

寻找名家名作
阅读积累篇

上

陈智文 著

人民邮电出版社

北京

图书在版编目（ＣＩＰ）数据

寻找名家名作：上. 阅读积累篇 / 陈智文著. -- 2
版. -- 北京 ：人民邮电出版社，2020.2
（寻找大语文系列）
ISBN 978-7-115-52948-0

Ⅰ. ①寻… Ⅱ. ①陈… Ⅲ. ①阅读课－小学－课外读
物 Ⅳ. ①G624.233

中国版本图书馆CIP数据核字(2019)第278830号

内 容 提 要

《寻找名家名作（阅读积累篇）》以万里路和万卷书兄妹俩寻找名家名作的奇妙历程为主要线索，将丰富的小学语文阅读知识及技巧融入其中，通过一个个鲜活有趣的故事，带领孩子体会语文学习的乐趣，分享成长的收获。

◆ 著　　　　　陈智文
　　责任编辑　　朱伊哲
　　责任印制　　周昇亮

◆ 人民邮电出版社出版发行　　　北京市丰台区成寿寺路 11 号
　　邮编　100164　　电子邮件　315@ptpress.com.cn
　　网址　http://www.ptpress.com.cn
　　三河市中晟雅豪印务有限公司印刷

◆ 开本：700×1000　1/16
　　印张：25　　　　　　　　　　　2020 年 2 月第 2 版
　　字数：149 千字　　　　　　　　2020 年 2 月河北第 1 次印刷

定价：79.60 元（全书共 2 册）

读者服务热线：(010)81055296　印装质量热线：(010)81055316
反盗版热线：(010)81055315
广告经营许可证：京东工商广登字 20170147 号

谨以本书献给喜欢阅读

和即将喜欢阅读的孩子

总序

等你，在语文的世界

陈智文

二十年的语文教学经历，给我留下最深印象的，是那年班上的一个学生。

因为生病的缘故，这个孩子近一个学期都请假在家，没有到校上课。为了接班的时候有成绩记录，我还是通知孩子参加期末考试。本来对他的成绩不抱太大希望，没想到他给了我一个惊喜：全班前三！惊喜之余，我陷入了沉思：一个孩子语文素养的提升，究竟靠什么？

2019 年，统编版小学语文教材推向全国。这套教材编撰上的一大亮点就是螺旋上升的"语文要素"设计。"语文要素"包括什么？一般包括四个方面：语文知识、语文能力、语文策略、语文习惯。如果一个孩子有足够多的"语文要素"的积累，那么他的语文素养一定不会太差。而这，除了靠语文老师课堂内的教学，更有赖于学生课外的积累。

我国著名的语言学家吕叔湘先生说："语文学习，三分得益于课内，七分得益于课外。"

这也就不难解释为什么那个孩子请假近一个学期，语文成绩依然那么好。因为，他从来没有停止过课外阅读，没有停止过语文学习。这也印证了特级教师于永正说的那句话："靠自己读书成长起来的学生，不但结实，而且有可持续发展的后劲。"

"靠自己读书""可持续发展的后劲"，这些字眼一直在我的脑海中盘旋，促使我下定决心，用"讲故事"的方式去创作一套属于孩子的语文读物。于是，就有了这套"寻找大语文"系列图书。这套图书包括《寻找语文王国（基础知识篇）》《寻找名家名作（阅读积累篇）》

《寻找作文王国（写作技巧篇）》《寻找诗词王国（赏析背诵篇）》（即将出版），帮助孩子在快乐阅读中全面掌握语文知识。

《寻找语文王国（基础知识篇）》以丰富的语文基础知识为素材，通过三个人物畅游"语文王国"的故事，把孩子们带入一个神奇的语文世界。故事里有人物的喜怒哀乐，有扣人心弦的情节，还有让人欲罢不能的悬念。鲜明的故事性与知识性、时代性、趣味性融为一体，让孩子爱不释手。

《寻找名家名作（阅读积累篇）》依然是以故事为主线，但聚焦到了"阅读"这一语文学习的重要领域。全书介绍了中外文学史上最具影响力的 78 位作家及其作品，引领孩子设身处地，多元体验，不仅帮助孩子快速积累文学知识，更能为今后的深度阅读提供索引，为写作提供丰富的素材和话题。

《寻找作文王国（写作技巧篇）》将目标瞄准了语文学习的"硬骨头"——作文。精彩的故事，鲜活的细节，在不知不觉中巧妙地融合各种作文知识、技巧和策略，让孩子在趣味十足、从容自在的阅读中收获和领悟作文的奥妙，真正做到"快快乐乐听故事，轻轻松松学作文"。

《寻找诗词王国（赏析背诵篇）》在轻松有趣的故事阅读中，将中国经典诗词的背景、常识及赏析融汇其中，让孩子在诗词的世界里，跟着主人公一起看"人面桃花相映红"，一起听"稻花香里说丰年"，一起爱"霜叶红于二月花"，一起盼"风雨送春归，飞雪迎春到"。阅读本书不仅可以丰富积累，还能启迪心灵。

感谢全国著名特级教师王崧舟、孙双金、张祖庆的拨冗作序，倾情推荐！"寻找大语文"系列图书对于小学低年级孩子而言，适合亲子共读；对于中高年级孩子而言，完全可以自主阅读。

生活的外延有多广阔，语文的外延就有多广阔。走进语文的天地，汲取成长的力量。

等你，在语文的世界。

文化寻根，智慧成长

全国著名特级教师　张祖庆

越来越多的老师和家长意识到，语文能力的提升，绝对不能仅仅依赖于教科书。于是，儿童阅读越来越受重视。从整体上说，这是一件功德无量的好事。但是我们也看到，很多儿童正在兴致勃勃阅读的书籍，往往质量并不高。劣质动漫、搞怪作品、爆笑校园，不一而足。这些品质低下的作品，占据的不仅仅是儿童的书包和抽屉，更是童年的精神生命。

叔本华在《论阅读和书籍》中说："坏东西无论如何少读也嫌太多，而好的作品无论怎样多读也嫌太少。""阅读好书的前提条件之一就是不要读坏书，因为生命是短暂的，时间和精力都极其有限。没有什么比阅读古老的经典作品更使我们神清气爽。"是的，由于阅历和辨别力所限，孩子是缺乏鉴赏力的，他们往往只凭兴趣去阅读，对于不少低俗的作品，他们也会读得津津有味。因此，如何引导他们远离"坏书"或者"二流""三流"的书，爱上经典，这就是成年人的责任和担当。

然而，由于不少老师、家长自己读书不多，只能将求助的目光聚焦到阅读推广机构、出版社以及名师身上。每每寒暑假前夕，各种机构和个人都会发布各种各样的"中小学生推荐阅读书目"。这些书目或权威或专业，却基本只是简单的书目罗列或者几条干巴巴的推荐理由，儿童无法对书和作者有直观感受；且书目过于繁杂，由于时间有限，孩子常常为选择读什么书而烦恼。

因此，我们说，寻找名家名作，最难的是如何做减法。减而见筋，减而显神，减而得脉。

中国文学史，作者多如星，作品浩如海；外国文学史，上下数千年，纵横数十国。如何让精力有限的孩子们能够在尽可能短的时间内，对源远流长的古今中外文学名家名作有个初步而明晰的印象，实在是个迫切需要破解的难题。

智文老师的《寻找名家名作（阅读积累篇）》，可谓及时雨。

全书以万里路和万卷书兄妹寻找名家名作的历程为线索，通过趣味故事，配以手绘插画，讲述中外文学史上最具影响力的 78 位作家及其作品，引领孩子设身处地，多元体验，不仅能帮助孩子快速积累文学知识，更能为今后的深度阅读提供索引，为写作提供丰富的素材和话题。

此书最大的创意和亮点，在于"还原文学现场"。作者以文学史实为依凭，通过合情合理的想象，以精彩的故事、鲜活的细节，再现了文学大师的如烟往事。在未阅读经典作品之前，先认识可亲可近的大师，这样的推荐鲜活、有趣、好玩。

毫无疑问，这是一套故事版的中小学生经典阅读指南。

纵观全书，其写作特点可用"四个一"加以概括。

一个场景：不论是函谷关内、泗水河畔，抑或是茅屋村舍、大漠边关，都可能是文化现场。还原一个场景，就能激活一段记忆。

一种观点：不管是孟子的"人性本善"还是荀子的"人性本恶"，不管是"古典主义"还是"唯美主义"，观点交汇，缔造思想的盛宴。

一部作品：从某种意义上说，作品就是作家的另一种生命。透过作品，可以真正触摸文化的脉搏，感受灵魂的呼吸。

一篇故事：生活本身就是由一个个故事组成的。文脉的传承，也是一个个精彩故事的串联。爱听故事的孩子，才有讲不完的故事。

文化寻根，智慧成长，就从走进《寻找名家名作（阅读积累篇）》开始。

是为序。

目 录

人物表

万里路，万卷书的哥哥，小学三年级学生。淘气调皮，机灵活泼，"两耳只闻窗外事"。

万卷书，万里路的妹妹，小学三年级学生。乖巧听话，手不释卷，"一心只读圣贤书"。

施大作家，大学者，四十岁。和蔼幽默，自信乐观。通晓古今学贯中西，上知天文下知地理。此生有"三好"：读书，游历，喝酒。

再 出 发

　　安福镇住着一户姓万的人家，男主人名叫万事通。不惑之年，与妻子生下了一对龙凤胎，举家欢喜。万家父母一心希望儿女见多识广、饱读诗书，便给儿子取名万里路，给女儿取名万卷书。

　　世事往往就是这般巧合，正如父母所取的名字一样，兄妹俩性格爱好各不相同。儿子万里路淘气调皮，机灵活泼，"两耳只闻窗外事"；女儿万卷书乖巧听话，手不释卷，"一心只读圣贤书"。

　　自从与施大作家一同前往"语文王国"求得秘籍之后，万里路和万卷书"功力大增"，语文能力不断加强。但是，仅仅学习了语文基础知识显然还不够。万事通知道，一个人阅读能力的强弱，与其儿童时代所受到的阅读训练密切相关。

　　如何才能帮助兄妹俩掌握、提升阅读理解能力呢？

　　这一回，在万事通的鼓励下，兄妹俩决定向更高的目标挑战——品读中外名家名作。

　　中国文学史，作者多如繁星，作品浩如烟海；外国文学史，作者高人辈出，作品不胜枚举。让我们和万里路和万卷书一起再次出发，跟随施大作家，去感受名家的魅力，名作的魅力，文化的魅力！

1. 相遇函谷关
——走近老子

函谷关位于河南省灵宝市。这里两山对峙，中间一条小路。因关在峡谷中、深险如函而得名。

这天，万氏兄妹途经此地，被一个古怪的人深深吸引住了：此人身穿长袍，长耳大目，白眉白胡，方口厚唇，正倒骑着一头青牛慢慢向关口行来。

满怀好奇之心，胆大的万里路上前打了个招呼："大爷您好，您为何倒着骑牛啊？"

"呵呵，这你就有所不知了。"长者开怀笑答，"随牛而往，不徐不急，此谓人生！"

"噢！"万里路似懂非懂，又被长者口中仅剩的三两颗牙齿给"雷"到了。"大爷，您牙不好啊？"

"世人都以为，牙是身体最硬之物，可以保存长久，其实不然。很多坚硬的东西消失了，柔软的东西反而长存。正如我的牙齿快掉光了，但是舌头还在啊！哈哈……"说罢，老者又是一阵大笑。

正说着，守关的尹喜来到了老者跟前，上前施礼："大师驾到，有失远迎！"

老者捋了捋胡子："想必您就是关令吧。那就请您帮我写张通关文书，我好出关啊！"

"这……这，您还是下来休息片刻，我好差人去办。"尹喜满脸堆笑，"另外，我还有一事相求，不知当说不当说？"

"但说无妨！"长者挥挥衣袖。

"您身为国家图书馆的馆长，才高八斗，学富五车。今日您要出关，不知何日能够重见，想请您给我留下一篇著作，也好让我等愚人拜读。"尹喜把自己的想法和盘托出。

长者面露难色，有些不太情愿。但转念一想，如果不答应，关令该是不会放他过关的。再说了，天下难得遇上知音，既然他懂我，就为他写上一篇吧！

尹喜欣喜若狂，将长者迎至家中，行礼叩拜。长者将他的智慧一个字一个字地写在了简牍上，先写了上篇，接着又写了下篇。写完一数，共有五千来字，取名为《道德经》，上篇叫《道经》，下篇叫《德经》，共八十一章。一部惊天动地的伟大著作就此诞生！

众人在关口目送长者。走了两三丈远，还辨得出白发、黄袍、青牛、白口袋，接着尘头逐步而起，罩着人和牛，一律变成灰色，再一会儿，已只有黄尘滚滚，什么也看不见了。

尹喜打开著作，虔诚拜读，被书中的内容深深地折服了。他甚至都不想当这个边境官了，想要跟长者一起出走。

"关令您好，那位长者姓甚名谁？他写的文章到底好在哪里，怎会让您如此喜欢？"万里路逮着了机会问。

"你问老子？"尹喜回过神来，用余光看了万氏兄妹一眼。

这一问不要紧，直把兄妹俩吓了一大跳。

尹喜也觉得语调不对，赶忙笑着补了句："他呢，名叫老子，是个大思想家。"

"哦。"万卷书长舒一口气，"能给我们看看他写的文章吗？"

"你们看这句，"尹喜指着其中一行，"合抱之木，生于毫末；九层之台，起于垒土；千里之行，始于足下。"

"什么意思？"万里路问。

"合抱的大树，生长于细小的萌芽；九层的高台，筑起于每一堆泥土；千里的远行，是从脚下第一步开始走出来的。无论做什么事情，都必须有坚强的毅力，从小事做起，才能成就大事业。不是吗？"

兄妹两听了颇有兴致，尹喜又指出其中一句——"知人者智，自知者明"："你们看这句话，讲得多好啊！知道意思吗？"

"能了解、认识别人叫作智慧，能认识、了解自己才算聪明。"万卷书谈了自己的理解。

"解释得很好！"尹喜点头称赞，"若能结合自身的实际谈谈会更棒。"

"就比如我，虽然见识较广，但是书看得太少了，所以学习总是不能融会贯通。妹妹呢，经常待在家里，书是看了不少，但是见识还不够丰富，需要通过这次游历好好弥补。"万里路做了一番剖析。

"不错！你们今天仅仅学了《道德经》这部经典的只言片语，就有如此大的收获。在人生的不同阶段，反复阅读这部书，相信你们会拥有更加智慧的人生！"

听了尹喜的话，万氏兄妹觉得这部书更加神秘了。

名家卡片

老子（约公元前571年~公元前471年），姓李，名耳，字聃，我国古代伟大的哲学家、思想家，道家学派创始人。他的代表作品为《道德经》。

2. 跨越千年的对话

——走近孔子

草色青青，春风荡漾。听说泗水正涨春潮，万氏兄妹心潮澎湃，携手游春。

远处，春水在阳光下欢笑，在清风中舞蹈，仿佛在告诉沿途的每一个人、每一棵树木、每一株小草：春来了！春来了！

河畔，早已坐了一群人。中间一位老者，正襟端坐，长须飘飘，前额凸起，皮肤泛青，长相虽然一般，却气宇不凡。

兄妹二人席地而坐，侧耳倾听。

"老师，您为什么那么喜欢看水呢？"一位头戴帽子的弟子问道。

"你们可别小看了水，它可是真君子啊！"老者目视前方。

"真君子？难道水也是人吗？"扎红头巾的弟子疑惑不解。

"这你们就有所不知了。"老者有意提高了声调，"水不仅有德行，有情义，有志向，还善教化呢！"

"有德行？此话怎讲？"扎红头巾的弟子追问。

"水奔流不息，哺育生灵，不正体现它的德行吗？"

"'有情义'，又作何解释？"

"你看它没有一定的形状，或方或长，流必向下，和顺温柔。没有情义如何做到这一点？"

听老者这么一说，饱读诗书的万卷书似乎有了启发："对啊，水的形状可是多变的。'半亩方塘一鉴开'，那是方；'不尽长江滚滚来'，那是长；'飞流直下三千尺'，那是直；'九曲黄河万里沙'，那是曲。"

声音不大，身边的万里路却听得一清二楚，暗自拍手叫好。

"水的志向如何体现？"老者见众弟子若有所思，笑着问。

"水穿山岩、凿石壁，从无惧色，从这里就能看出它的志向。"一位身着蓝色衣服的弟子躬身作答。

"我知道水为什么'善教化'了！因为万物入水，必能荡涤污垢。"头戴帽子的弟子恍然大悟。

老者捋捋胡须，面露喜色："所以我说水是真君子啊！"

众弟子点点头。不一会儿，他们三三两两地散开了，有的采花，有的捕蝶，有的垂钓，有的戏水，好不惬意。

真乃高人！万里路兄妹见老者独自盘腿而坐，觉得是个请教的大好机会，便上前施礼讨教。

"请问老先生，您这么有学问，能告诉我们一些学习的奥秘吗？"万卷书一向好学。

　　"学而时习之，不亦说（yuè）乎？学习并且经常温习，是十分快乐的事。千万别把学习当作一种负担哦！"老者笑着作答。

　　"那要是身边没有好的老师指导，该怎么办呢？"万卷书又生一问。

　　"三人行，必有我师焉。择其善者而从之，其不善者而改之。三个人同行，其中必定有可以当我老师的人。选择他的优点去跟从，自己若有与他类似的缺点要改正。这不是很好的学习吗？"

　　"那在读书方面，有什么好的方法吗？"万里路可没少为自己的学习费心。

　　"学而不思则罔，思而不学则殆。只是读书，却不思考，就会迷惑；只是思考，却不读书，就等于没学。"

　　"嗯，我就想学习成绩怎么老提不上去，原来如此啊！"万里路如释重负。

“现在，正是你们立志求学的时候，千万不要辜负了大好时光啊！”老者语重心长地说，“当然，不要只埋头‘读死书’，也要学学为人处世之道、安家立身之技。”

“您也教弟子们其他本领吗？”万卷书觉得这个老师很不一般。

“当然，要学‘六艺’，礼乐射御书数，缺一不可。”老者之言掷地有声，“学礼节，应排在首位。不会礼仪礼貌，在社会上就不受人欢迎。书法、算术、音乐、诗歌、舞蹈等学科，一定要过关。另外，驾车和射箭，也是我的弟子们要刻苦学习的。”

“那……那您是语文、数学、体育、音乐，什么学科都教啊？”万卷书惊得瞪大了眼睛。

老者含笑点头。

“天才！噢不，是全才！”万里路摊开双手，高呼一声。

夕阳西下，老者和弟子们驾车归去。

泗水河畔的春色更浓了。

名家卡片

孔子（公元前551年～公元前479年），名丘，字仲尼，我国古代伟大的思想家、教育家、政治家，儒家学派创始人。《论语》主要记录孔子及其弟子的言行。

3. 智慧的抗衡

——走近孟子

"人之初，性本善。性相近，习相远……"《三字经》的内容，万氏兄妹都相当熟悉。不过，听完接下来的这场辩论，他们才真正大开眼界。

客栈昏黄的油灯旁，孟子与荀子这两位大学问家正品茗论道。他们辩论的主题是"人性善恶"。孟子主张"人性本善"，荀子主张"人性本恶"。

"人性之善也，犹如水就下也。水往低处流是水的自然规律，而善则是人的先天特性。"孟子先声夺人。

"人之性恶，其善者伪也。人的本性是恶的，善是后天人为学习而形成的。"荀子也抛出了自己的观点。

"我们看到一个小孩掉到河里，就会赶紧去救他。这样做是出于先天的善心，而不是为了让所有人都知道。这不就是人性本善的证明吗？"孟子咄咄逼人。

"可是，我们身边的坏人也不少啊！就在您讲话的时间当中，这个世界又发生了多少战争、暴力、抢劫。如果人性真是善的话，那么这些罪恶行为到底从何而来呢？"荀子反驳道。

"我不否认这个世界存在罪恶，可这不是由人性造成的，而是由社会环境造成的。如果能对这些人施以更多的教育，再用法令来约束他，就不会出现这样的事了。"孟子有力地回击。

"先不说恶人，我们说说那些圣人吧！"荀子话锋一转，"难道生下来就有圣人吗？不是的。圣人之所以不同于普通人，就在于他能约束本性，自我教化，使人性之恶不断向善转化。"

....

辩论还在继续，但似乎已经超出了万氏兄妹的理解能力。回到楼上的房间，他俩赶紧请教施大作家。

"二人的观点当然都有道理。正是他们的深入思考，才让我们对这个问题有了更深的认识。"施大作家抿了一口热茶。

"就像我们常说的，每个人心中都住着一个天使和一个魔鬼。对吗？"万卷书若有所思。

"正是！"施大作家眼前一亮。

"呵呵，我心中的天使总能战胜魔鬼，所以大家都说我是好人！"淘气的万里路调侃道。

"自我标榜，脸皮还真厚啊！"施大作家忍不住笑着说，"这些大思想家，小时候可不像你这么贪玩，学习认真着呢！"

"我想起了《三字经》中的'昔孟母，择邻处'。"万卷书回忆道。

"这句话就是讲孟子的成长故事。你能回忆得起来吗？"施大作家斜看了万里路一眼。

"这我当然知道啦！"万里路拍拍胸脯，"孟子小时候很贪玩，模仿性很强。他家原来住在坟地附近，孟子就常常玩筑坟墓或学别人哭拜的游戏。孟母认为这样不好，就把家搬到集市附近。不料孟子又模仿别人做杀猪的游戏。孟母认为这个环境也不好，又把家搬到学堂旁边。孟子就跟着学生们学习礼仪和知识。孟母认为这才是孩子应该学习的，心里很高兴，就不再搬家了。"

"孟母三迁，用心良苦啊！"万卷书说。

"由此看来，家庭教育对于一个孩子的成长是何等重要啊！"施大作家不禁感叹，"孟子小时候的确不太懂事，但是有一件事改变了他。"

"就是孟母'断机杼'的故事吧？"万里路猜测。

"是的。有一天，孟子从老师子思那里逃学回家。孟母正在织布，看见孟子逃学，非常生气，就拿起一把剪刀，把织布机上的布匹剪断了。你们猜，孟子有何反应？"施大作家问。

"心里害怕呗！"万卷书回答。

"孟母这葫芦里到底卖的是什么药啊？"万里路一副皱眉样。

"孟子看了很惶恐，跪在地上请问原因。孟母责备他说：'你读书就像我织布一样。织布要一线一线地连成一寸，再连成一尺，再连成一丈、一匹，织完后才是有用的东西。学问也必须靠日积月累、不分昼夜勤求而来。你如果偷懒，不好好读书，半途而废，就像这段被割断的布匹一样，变成了没有用的东西。'"施大作家表情严肃地叙述。

"这件事对孟子的启发一定很大。"万里路说。

"那是当然了。孟子听了母亲的教诲，深感惭愧。从此以后他专心读书，发愤用功，终于成为大思想家。"施大作家作了小结。

三人谈毕，想起该去会会楼下两位"大儒"了。可是来到楼下时，两人早已不见了踪影，只有茶杯还在冒着热气……

名家卡片

孟子（约公元前372年~公元前289年），名轲，字子舆，战国时期伟大的思想家、教育家、政治家，儒家学派的代表人物。其弟子及再传弟子将孟子的言行记录成《孟子》一书。

4. 黑色光亮

——走近墨子

这天，酷爱和平的宋国思想家、政治家墨子听到一个令他震惊的消息：楚国要攻打宋国，正请了鲁班为他们制造攻城用的云梯。

"这还得了，我得阻止这场战争！"墨子立即出发，急速步行，前往楚国。

这条路实在太长了，从山东的泰山脚下出发，横穿河南全境，到达湖北，再赶到湖北的荆州。

"既然你赶着去做一件这么重要的事，为什么不坐牛车或者马车，而要靠双脚走路呢？"有路人见他行色匆匆、十分辛苦，不禁问道。

"我等出身卑贱，喜欢跟土地接触，不爱坐车是本性使然。何况我也要通过走路的方式，让楚王看到我的诚意。"墨子回答。

看着他远去的骨瘦如柴的身影，路人一阵心酸。

墨子日夜不停地走，走了整整十天十夜。脚底磨起了老茧，还受伤了。他撕破衣服包扎好伤口，接着走。

终于走到了楚国。楚国的郢城可不像宋国，这里街道宽阔，房屋也整齐，大店铺里陈列着许多好东西：雪白的麻布、通红的辣椒、斑斓的鹿皮、肥大的莲子。路上的行人虽然身材比北方人矮小些，却活泼精悍，衣服也很干净。墨子在这里一比，旧衣破裳，以布包着两只脚，好像一个乞丐。

墨子哪有心思顾及眼前的一切，他的首要任务是找到同乡鲁班。好不容易找到鲁班的住所，敲开门，不料开门的却是一个横眉怒目的门丁。门丁一看见墨子，便大声喝道：

"先生不见客！你们同乡来求帮忙的太多了！"

墨子刚看了他一眼，他就关上了门。再敲时，门内什么声息也没有了。

鲁班正捏着曲尺，在量云梯的模型，听到门外有动静，便问门丁："刚才敲门的人是什么样子的？"

"像一个乞丐，三十来岁，高个子，秃头顶，乌黑的脸……"

"呀，那一定是墨翟了！"鲁班吃了一惊，大叫起来，连忙放下云梯的模型和曲尺，跑到阶下去。

"果然是你！步行这么远过来，究竟有何急事？"鲁班边问边请墨子往堂屋走。

墨子早就想好了讲话的策略："北方有人侮辱了我，我想请你帮忙去杀掉他。酬劳是二百两黄金。"

鲁班一听这话，沉了脸，冷冷地回答："我讲仁义，绝不杀人！"

"那好极了！"墨子很感动地直起身来，拜了两拜，又很沉静地说，"你帮楚国造云梯攻打宋国，楚国本来就地广人稀，一打仗，必然要牺牲本国稀缺的人口，去争夺完全不需要的土地，这明智吗？再从宋国来讲，它有什么罪？你却帮楚国平白无故地去攻打它，这算是你的仁义吗？你说你不会为重金去杀一个人，这很好，但现在你明明要去杀很多很多的人！"

鲁班一听，难以辩驳，便说："此事我已经答应了楚王，该怎么办呢？"

墨子说："你带我去见他。"

墨子见到楚王后，客气地说："有人不要自己的好车，去偷别人的破车；不要自己的锦衣，去偷别人的粗服；不要自己的美食，去偷别人的糟糠。这是什么人？"

楚王激愤着说："这人一定有病，患了偷盗癖。"

接下来墨子通过层层比较，说明楚国打宋国也是有病。楚王深明大义，就下令不再攻打宋国了。

"墨子真是热爱和平的智慧使者啊！"听完施大作家讲述的墨子的故事，万卷书脱口而出。

"若使天下的人都彼此相爱，国与国不互相攻打，家与家不互相争夺，没有盗贼，君臣父子都能忠孝慈爱，这样天下就太平了。这是墨子的心愿，也是我们的期盼啊！"施大作家双手合十，诚心祈祷。

名家卡片

墨子（生卒年不详），名翟，战国时期著名的思想家、教育家、科学家、军事家，墨家学派的创始人。其弟子根据墨子生平事迹的史料，收集其语录，编成了《墨子》一书。

5. 那只鸡好快乐啊

——走近庄子

　　施大作家向来怪点子多，这不，今天他要和万氏兄妹玩个思想游戏。

　　"小鸡为什么过马路呢？如果是柏拉图，他会怎么说？"施大作家问。

　　"为了寻找更高的善。"万卷书开口便是一句。

　　"如果是达尔文，又会怎么说？"施大作家的目光落到了万里路身上。

　　"是为了找虫子吃。"问题出乎意料，万里路只好敷衍。

　　"错也！达尔文会说，是为了寻找更好的进化方式。"施大作家诡秘地一笑。

　　"那我也考考你们，如果是拿破仑，他会怎么回答？"万卷书也出了个难题。

　　"拿破仑啊，肯定会说，不想过马路的小鸡不是好鸡。"万里路说完，还学着公鸡叫了几声，逗得大家哈哈大笑。

"如果是孔子遇到这个问题，一定会拒绝回答，曰'不知人，焉知鸡'。"万卷书摆出一副文绉绉的模样。

"只有一个人会取消问题！"施大作家做神秘状。

"谁？"万氏兄妹异口同声。

"庄子。他一定会大声感叹：哇，那只鸡好快乐啊！"

"那我们去会会这个天才如何？"一路见到这么多圣贤高人，此刻的万里路早已心里痒痒的。

施大作家点头。三人即刻启程，去拜访心中的圣人——庄子。

天有不测风云。这天，恰逢庄子的妻子不幸逝世。这本是一件让人伤心的事，但出人意料的是，庄子却叉开腿坐着，敲打瓦盆唱歌。

妻子死了，丈夫居然还唱歌？这个没良心的！来吊唁的惠子看不下去了，毫不客气地对庄子说："您的妻子和您长期生活在一起，帮您养大了孩子，如今年老过世，您不哭也就罢了，还敲打瓦盆唱歌，这不是太过分了吗！"

庄子说："不是这样的。我妻子死了，我怎么能不为此慨叹呢。可想一想人最初本来没有生命，不仅没有生命，而且没有形体，不仅没有形体，而且没有元气。夹在杂草之间，变得有元气，由元气又变为有形体，有形体然后有生命，现今又变为死，这就和春夏秋冬四季更替一样。人都安然寝于天地之间了，而我却要守着她哭，我认为不合乎常理，所以没有这么做。"

惠子无言以对，气得直接走了。一旁的万氏兄妹也看得目瞪口呆。

尴尬归尴尬，既然此行是来讨教的，在施大作家的暗示下，兄妹俩赶紧调整好情绪，准备向庄子好好讨教一番。

"您的想法好像跟身边人大不同啊！"万里路试探了一句。

"是啊！"庄子仰天一声长叹，"井底之蛙，你没有办法同他谈海，他被空间束缚了；夏天的虫，你不可能给他讲冰，因为他被时间束缚了。"

"这么说，难道您就没办法同他们交流思想了吗？"万卷书问道。

"也不是没办法，我可以给他们讲寓言，相信他们总有一天会领悟的。"庄子的目光里满是执着。

"那您都讲过什么寓言啊？"万卷书很是期待。

"鲁国国君遇到了一只很大的海鸟，就把它请回了太庙，给它喝最好的酒，听最好的音乐，吃最好的肉。可是这只鸟非常害怕，不吃不喝，三天就死掉了。"庄子言简意赅。

"您说的这个寓言想告诉人们什么？"万里路摸了摸后脑勺。

"世间的一切事物，都应该顺其自然，我们不能自以为是地把自己的想法强加于人。有时候我们常常会强调自己的好心，却违背了自然的客观规律。我们对自己都没有认识清楚，又如何能认清客观的事物呢？"庄子尽量把话说得明白些。

"两个孩子目前正在游历学习，您能给他们讲个寓言，提醒他们要注意些什么吗？"施大作家请求道。

"一个燕国人听说古都邯郸人走姿很漂亮，便来到邯郸学习邯郸人走路。但未得其能，又忘记了自己的走姿，最后只好爬着回到了燕国。"庄子的语言真是简练，"知道这个故事的寓意吗？"

"一味地模仿别人，不仅学不到本事，反而把自己原来的本事也丢了。"万卷书领悟得很快。

"对，希望你们能融百家之长，闯文化新路！"庄子正言。

名家卡片

庄子（约公元前 369 年～公元前 286 年），姓庄，名周，字子休（亦说"子沐"），战国中期著名的思想家、哲学家、文学家，道家学派的代表人物。他的代表作品为《庄子》。

6. 第一诗人

——走近屈原

两岸青山掩映，一条绿水长流。汨罗江宛如一幅壮丽的山水画卷，铺展在天地之间。

兄妹俩被眼前的景色深深陶醉，禁不住发出声声赞叹。

就在这时，顺着江边走来一个人，一边走一边唱着伤心的歌。他面容憔悴，披头散发。

三人赶忙迎了上去。

"先生，您是谁？来自哪里？这是要去哪儿啊？"万里路好生奇怪。

"我啊，我是谁，连我自己也不知道。不过，我知道我要去哪儿。这流淌的汨罗江就是我要去的地方。"先生不住地叹息。

"您是说您要跳江？"万里路纳闷极了，"有什么想不开的事，至于走这条路吗？"

"你有所不知啊！"先生摇摇头，"楚王他们是糊涂人，只有我清醒啊！我伤心的不是自己的遭遇，楚国弄到这个地步，我心里像刀割一般。我怎么能够眼睁睁看着国家的危险不管呢！只要能救楚国，就是叫我死一万次也愿意。如今，大王把我放逐到荒山野地，国家大事我没法儿管，我的主张没处说，我大声呼喊君王，君王也听不到。我痛苦得真要疯了。"

"国家的事，肯定还有其他人在管。您这么大年纪，就别操那么多心了，身体要紧啊！"万卷书劝道。

"你们不会知道，当我看到秦国抢夺楚国土地的时候，当我看到人民过着水深火热的日子的时候，我的心里有多难受！"先生的表情十分痛苦。

"楚国人民的日子到底过得怎样？"万里路小心翼翼地问，怕先生控制不住情绪。

"一年到头辛辛苦苦种地，还是经常受冻挨饿。生病没钱医，死了没钱葬，遇到天灾人祸，就弄得妻离子散，家破人亡。这种悲惨的景象，我怎么忍心看下去啊！"先生说罢，掩面啜泣。

"那……那您就离开楚国吧，免得一直受这份罪。"万里路试着出了个主意。

"我怎能扔了家乡，扔了父母之邦啊！鸟飞倦了，想回到自己的老枝上去歇息啊；狐狸死了，头还向着出生的土山啊！救国的道路漫长啊！我不能离开楚国，我要寻找救国之路！"先生十分坚定。

就在这时，一个渔民奔走呼号："不好了，楚国被秦国打败了，大家快逃吧！"

"我知道这一天迟早会来的！"先生破涕为笑，"我知道楚国已经没有希望了，但我不愿亲眼看到国家被毁，不愿亲眼看到自己国家的土地、人民落到敌人手里，我要和楚国共存亡！我终于要奔向彭咸所在的地方啦！哈哈——"

话音刚落，只听"扑通"一声，先生已纵身跳入江中。

附近的渔民和庄稼人得知先生跳江，赶紧划着小船去救。可是汪洋大水，哪儿有先生的影子呢？他们只好划着船在江面上祭祀他，把竹筒里的米饭撒在水里献给他，为他招魂："三闾大夫，你回来啊！三闾大夫，你回来啊……"

三人这才知道这位先生正是屈原，大家实在不忍心看这样悲惨的场面，赶忙起身离开。

一路上，大家默不作声。一直走到看不到江水的地方，万卷书才开了口："施大作家，刚才屈原先生说要奔向彭咸所在的地方，难道指的就是河里吗？"

"是的，彭咸是殷代贤大夫，是一位忠臣。他向君王进谏，君王却不听。无奈之下，他只得投江而死。他是屈原的精神偶像啊！"施大作家调节好情绪，耐心回答。

"难道只能以死来表达自己的耿耿忠心吗？"万卷书简直无法理解。

"他所生活的地方，是一个巫风很盛的地区，人们经常举行对各种神灵的祭祀。久而久之，大家都希望能'由人入神'。再加上屈原的生活被太多的想象与神话占据，对于他来说，也许这就是一条最好的路。然而，对于我们现代人而言，生命是如此的宝贵，报国会有许许多多的方式。"施大作家循循善诱。

汨罗江上，依然传来隐隐约约的锣鼓声。三人的心久久不能平静。

名家卡片

屈原（公元前 340 年～公元前 278 年），战国时期楚国人，中国最早的浪漫主义诗人，伟大的爱国诗人。他的主要作品有《离骚》《九章》《九歌》《天问》等。

7. 重于泰山的生命

——走近司马迁

时间定格在汉朝。

这天，施大作家和万里路兄妹有幸得到监狱长的特批，参观监牢，寻访一个人——司马迁。

"大人，您为何落得如此下场？"万里路看着形容枯槁的司马迁，有些不敢相信自己的眼睛。

"这事说来话长。"司马迁叹了口气，"知道那个李陵将军吗？"

"知道，就是那个作战神勇，但由于得不到主力部队的后援，弹尽粮绝，不幸被俘的将军。"

"那天上朝，大臣们都谴责李陵将军不该贪生怕死，向匈奴投降。汉武帝问我有什么意见。我说：李陵带去的步兵不满五千，他深入敌人的腹地，打击了几万敌人。虽然打了败仗，可是杀了那么多敌人，也可以向天下人交代了。李陵不肯马上去死，准有他的主意。他一定还想将功赎罪来报答陛下。"

"这话很有道理啊！"万卷书的眼里满是天真。

"可是皇帝不这么想啊！他认为我这样说是为了给李陵说情，替投降敌人的叛徒辩护，是存心反对朝廷。"

"那……那接下来呢？"万里路的神色紧张起来。

"接下来啊，我就被打入这大牢了。"说罢，司马迁长叹一声。

"要不您就认罪吧，这样也许就能减轻处罚了。"万卷书说。

"是啊，我也想保全自己。可是，这是我的罪吗？我一个做臣子的，就不能发表点意见吗？我咽不下这口气啊！"

"所以汉武帝判了您死刑？"万里路问。

"对。死刑要免死的话有两条路可走：或者交50万钱赎罪，或者接受宫刑。"

"那您为什么不交钱赎罪呢？反正钱没了还可以再挣啊！"万卷书提议。

"小姑娘，你太天真了。我等官小家贫，根本拿不出这么多钱赎罪。"

"宫刑肯定不是你想选择的。"万里路对汉朝的刑罚也略知一二。

"那当然了！遭受宫刑是奇耻大辱。我真想血溅墙头，了此残生。我因为多嘴说了几句话而遭遇这场大祸，更被乡里之人、朋友羞辱和嘲笑，污辱了祖宗，没什么颜面再到父母的坟墓上去祭扫了。呜呼……"司马迁满是哀伤。

"可您最后还是选择了受刑。到底是什么意念支撑着您做这样的选择？"万里路小声地问道。

"人总是要死的，有的重于泰山，有的轻于鸿毛。我如果就这样死了，不是比鸿毛还轻吗？周文王被拘禁时推演了《周易》；孔子在困穷的境遇中编写了《春秋》；屈原被流放后创作了《离骚》；左丘明失明后写出了《国语》；孙膑被砍去了膝盖骨，编著了《兵法》；吕不韦被贬放到蜀地，有《吕氏春秋》流传世间；韩非子被囚禁在秦国，写下了《说难》《孤愤》；至于《诗经》三百篇，也大多是圣贤们为抒发郁愤而写出来的。"

"您也有心愿未了？"万里路似乎想到了什么。

"我曾立志要编写一部史书，记载从黄帝到当今这 2600 多年间的历史。我已经写了不少，不能就此放弃。这部书比我的生命还重要！"

"这个世界上有很多人能做这样的事，为什么您一定要自己来完成呢？"万里路还是不明白。

"不一样啊。一来这是父亲的遗愿；二来我也想继承《春秋》的精神，明道义，显扬志业人物；三来这也是我作为一个史学家的使命。若能究天人之际，通古今之变，成一家之言，此生无憾！"司马迁目光中透出坚定。

"如果这个世界上每个做学问的人都能拥有您这样的精神，那就好了！"万卷书感慨不已。

"做学问不容易啊！首先必须有一个明确的方向，还要有广博的知识和丰富的阅历才行。"

"您的意思是，不仅要有志向，更要读万卷书、行万里路？"施大作家求证道。

"正是！若能如此，大道可成矣！"

说罢，司马迁踉踉跄跄地走到监牢的角落歇息去了。他瘦小的身影，此刻变得如此高大。

名家卡片

司马迁（公元前145年~公元前90年），字子长，西汉伟大的史学家、文学家、思想家，其主要成就是编著了《史记》，开创了纪传体史学。

9. 一代枭雄

——走近曹操

从避暑胜地北戴河再行约 30 公里，三人来到了河北省昌黎县的碣石山。

仙台顶、五峰山、龙潭洞、碣阳湖，众多景点将碣石山装点得分外美丽。碣石山紧靠渤海，是观海的好去处。

正当兄妹二人陶醉于美景之际，忽然传来施大作家洪亮的吟诵声：

"东临碣石，以观沧海。水何澹澹，山岛竦峙。树木丛生，百草丰茂。秋风萧瑟，洪波涌起。日月之行，若出其中；星汉灿烂，若出其里。幸甚至哉，歌以咏志。"

"施大作家，您这是在朗诵谁的诗啊？"万卷书颇有兴致。

"一代枭雄曹操的诗！"施大作家笑答。

"啊？就是三国中那个想要一统天下的曹操？"万卷书瞪大了眼睛。

"正是！他不仅是军事家、政治家，更是著名的诗人。"

　　"刚才那首诗主要写了什么呢？"万里路也来了兴趣。

　　"这首诗叫《观沧海》，当年曹操就是在此处即兴创作的。大意是：东行登上碣石山，来欣赏大海。海水多么宽阔浩荡，碣石山高高耸立在海边。山上树木丛生，各种草长得很繁茂。秋风吹动树木发出悲凉的声音，海上翻卷着巨大的波浪。日月的运行，好像是从中出发的；银河星光灿烂，好像也是从中产生的。"施大作家耐心地解释。

　　"听起来特别豪迈。"万卷书认真琢磨了起来。

　　"没错，"施大作家向万卷书投去肯定的眼神，"这首诗动静结合，描写了大海的惊人力量和宏伟气象，更是借助奇特的想象来表现大海吞吐日月星辰的气概，表达了诗人豪迈乐观的进取精神，实乃佳作！"

"曹操还写过其他的诗吗？"万里路对此并不了解。

"当然了。比如著名的《短歌行》。"施大作家说，"其中有几句是这样的：月明星稀，乌鹊南飞。绕树三匝，何枝可依。山不厌高，水不厌深。周公吐哺，天下归心。"

"这也是一首写景诗吗？"万里路问。

"非也。这几句诗的意思是：明月升起，星星闪烁，一群寻巢的乌鹊向南飞去。绕树飞了三周却没有敛翅，哪里才有它们栖身之所？高山不辞土石才见巍峨，大海不弃涓流才见壮阔。只有像周公那样见到贤才，一饭三吐哺，礼待贤才，才能使天下人心都归向我。"施大作家果然学富五车。

"表面是写景，实际上是曹操求贤若渴，希望天下的人才都能围到他的身边，和他共谋一统天下的霸业。"万卷书也略知一二。

"原来这样！"万里路总算理出了个头绪。

"要想更好地欣赏作品，最好能对这个人有更多的了解。"施大作家提示道，"说说你们对曹操的印象吧！"

"我知道'望梅止渴'的故事。讲的是曹操行军途中，失去了有水源的道路，士兵们都很渴。于是曹操传令：'前边有一片梅子林，果实很多，又酸又甜，可以解除我们的口渴。'士兵听后，都不住地流口水，暂时解了口渴之急。曹操就利用这个机会争取了时间，最终把士兵们带领到有水源的地方。"万里路慢慢地讲述。

"你们觉得曹操到底是个怎样的人？"施大作家问。

"我觉得曹操挺聪明的。"万里路憨憨地笑。

"我觉得曹操表面上很尊重人才，但是生性多疑，也杀害了不少能人，比如杨修、吕伯奢、孔融、华佗。"万卷书也谈了自己的看法，"一代神医华佗，本想给曹操做个脑部手术来治病，不料曹操觉得华佗是想借机杀死自己，所以一怒之下杀了华佗。很快，他自己也因为病症恶化而死。"

"宁我负人，休教人负我。这是曹操性格偏执的一面。"施大作家目视远方，神情严肃。

一代枭雄落幕，留给世人无限的喟叹。

名家卡片

曹操（155年～220年），字孟德，东汉末年杰出的政治家、军事家、文学家、书法家，三国中曹魏政权的缔造者。曹操精兵法，善诗歌，散文亦清峻整洁，开启并繁荣了建安文学。

9. 人生的绝响
——走近嵇康

时光流转到魏晋，一个让后世文人仰慕的时代。

这天，兄妹俩和施大作家在洛阳城郊行走，路过一家打铁铺。忽然，万卷书眼前一亮，被铁铺中的一个男子迷住了：此人身高约一米九，龙章凤姿，天质自然，正光着臂膀，抡起大锤打铁，男子汉气概十足。

"哇，好帅啊！"万卷书看得眼珠子都要掉出来了。

"这哪是打铁啊，分明是秀身材嘛！"看妹妹一反常态，万里路嘟囔了一句。

"施大作家，快告诉我们，他叫什么名字？"一向矜持的万卷书催促道。

"他呀，名叫嵇康，可不是一般的打铁匠哦！"施大作家压低了嗓子说，"他可是一个大学问家。"

"啊，大学问家？那为何在这里打铁？"万里路可不明白了。

"师傅，我的锄具打好了吗？"三人交谈之际，一个头戴斗笠的老爷爷走进店里。

"早好啦！"嵇康停下手中的活，迎了上去。

"那我就拿走了。这是刚温好的老酒，还有几个小菜，你们慢用！"老爷爷一副慈眉善目的样子。

"好嘞！"嵇康笑着接过，唤来助手在店前的大树底下落座。

"难道这位师傅打铁不收钱？"万里路眼看着这一切，颇感奇怪。

"正是！"施大作家小声应答，"嵇康和向秀打铁，手艺好，却从来不收钱，一顿随意的酒肴就好了。"

此刻，温好的老酒已经倒入杯中，散发出阵阵醇香。一向好酒的施大作家再也按捺不住了，管他三七二十一，打了个招

呼就坐到桌前。兄妹二人也跟上前去。

嵇康颇为热情，给施大作家倒了满满一杯。几人边喝酒边聊天，实在惬意。

"嵇老师您好，您这么有学问，为什么不去做官，而要在这里打铁呢？"万卷书面对自己的偶像，实在憋不住了。

"人各有志嘛，哈哈！"嵇康将杯中酒一饮而尽。

"他啊，就这个性格，不适合当官啊！"一旁的向秀说道，"他有个好朋友，叫山涛，想推荐他担任尚书吏部郎，他硬是给拒绝了。"

"哈哈，这事我知道，还写了封绝交信呢。"施大作家忍俊不禁。

"绝交信？都说什么了？"万里路兴致越来越浓。

"问他自己啊！"向秀起身给两位斟酒。

"我对山涛说，我喜欢睡懒觉，但做官以后，差役就要叫我起来，这是我不能忍受的事情。"嵇康回答。

"您真的懒惰吗？"万里路简直不敢相信自己的耳朵。

"当然了！我天性散漫，筋骨迟钝，肌肉松弛，头发和脸经常一月或半月不洗，如不感到特别发闷发痒，我是不愿意洗的。小便常常忍到膀胱发胀得几乎要破了，我才起身去方便。"

"啊？"万卷书脱口而出，她怎么会想到自己的偶像在生活中会这般不拘小节。

"我还喜欢抱着琴随意地边走边吟，或者到郊外去射鸟钓鱼。做官以后，吏卒就要经常守在我身边，我就不能随意行动了，这更是我不能忍受的事情。"嵇康已然微醉。

"您向往自由，对吗？"万里路自以为听懂了嵇康的话。

"不叫自由，更准确地说是有自己的志向、自己的生活态度。"嵇康做了纠正，"能过平淡清贫的生活，教育好自己的孩子，随时与亲朋好友叙说离别之情，谈谈家常，喝一杯淡酒，弹一曲闲琴，这样我就心满意足了。"

告别了嵇康和向秀，万里路兄妹和施大作家继续游历。谁料不久便传来噩耗：嵇康因为写了那封绝交信，而被认为是在讽刺为官者、与朝廷作对，被判处死刑。

性情刚烈而又才貌出众，终究难以避免祸事。嵇康身戴木枷，被一群兵丁押赴刑场。刑场喧闹不堪，原来是三千多名太学生争先请愿，恳求朝廷赦免嵇康，让他担任太学的导师。然而，执政的司马昭怎么会轻易改变主意呢！

嵇康从容赴死。临刑前，那曲神秘的《广陵散》成了生命的绝响。

名家卡片

嵇康（224年～263年），字叔夜，三国曹魏时著名思想家、音乐家、文学家。他是"竹林七贤"的精神领袖，开创了玄学新风。

10. 心归田园

——走近陶渊明

方宅草屋，绿树繁花，远村近烟，鸡鸣狗吠。美丽的乡村，总有说不完的诗情画意。万里路兄妹和施大作家边行边看，怡然自得。

"你们看，那边山脚有人在种地。"顺着万里路手指的方向，一个头戴斗笠、衣裳破旧的农夫出现在视线中。

"那可不是一般的农夫噢！"只粗略看一眼，施大作家脸上便掠过一丝神秘的微笑。接着他加快脚步走上前去，兄妹俩紧随其后。

"哇，你们看，他种的豆子，杂草比豆苗茂盛多了。水平实在不怎么样啊！"万里路像发现了新大陆。

"他的衣服都被汗水浸透了，一定很辛苦吧？"万卷书小声说道。

施大作家笑着对兄妹俩说："他本不是农夫，是个大学问家，只是厌烦了世间的喧嚣，归隐到这田园之间，过着自耕自足的宁静日子罢了。"

转眼之间，三人已到了农夫身边。

"您好！听我老师说，您是一个大学问家，还当过官，对吗？"万里路急着求证。

"是的。当彭泽县令那会儿，按理说可以衣食无忧，但是有太多的规则束缚，我可不想为了五斗米折腰啊！所以，我就辞职不干了。"农夫停下手中的活，笑容灿烂。

"您是学问家，躬身耕种，不觉得累吗？"万卷书问。

"一点都不累！"农人摆摆手，"我啊，从小就没有投合世俗的气质，一直爱好山野。之前错误地陷落在人世的罗网中，一干就是十三年。关在笼中的鸟儿依恋居住过的树林，养在池中的鱼儿思念生活过的深潭。如今，我就在这原野开荒，依着愚拙的心性耕种田园，这是多么惬意啊！"

"您是说，您曾长久地困在笼子里面，现在总算又返回到大自然了，对吗？"万卷书有些诧异。

"我们如果也要寻找宁静的生活，就可以像您这样，找一个偏远的地方。"万里路不由有些向往起来。

"除了环境清幽之外，更重要的是你的内心一定要足够宁静。"农夫语重心长地说，"结庐在人境，而无车马喧。问君何能尔，心远地自偏。虽然家在众人聚居的繁华道路，依然可以不受应酬车马喧闹的影响。怎能如此超凡洒脱？心灵避离尘俗，自然幽静远邈。"

"现在的生活，就是您理想中的生活吗？"万卷书有些羡慕。

"东篱采菊，南山漫步，我本心满意足。然而，我心中还有一处更为美妙的地方。"农夫面露向往。

"所言何处？"万里路文绉绉地来上一句。

"桃花源。"农夫答。

"那是怎样的一处地方？"万卷书相当好奇。

"那里土地平整宽阔，房屋整齐，有良田、美池和桑林竹林。田间小路交错相通，村落间鸡鸣狗叫的声音能互相听到。人们在田野里来来往往，耕种劳作，老人和孩子们个个都安闲快乐。"农夫仿佛已经沉醉其中。

"我也想去看看！"听罢农夫的描述，万里路似乎一刻也等不得了。

"这个神秘的地方，可不能轻易告诉别人，得靠你们用心去寻找。"农夫笑答。

万卷书见哥哥询问无果，又见天色已晚，便赶紧向农夫请教憋了好久的问题："您好，您的学识十分渊博，我很想知道您少年时读书的妙法，敬请传授，晚辈不胜感激！"

农夫听后，大笑道："天下哪有什么学习妙法？只有笨法，全靠下苦功夫，勤学则进，辍学则退！"

兄妹二人面面相觑。

农夫见少年并不懂他的意思，便拉着他们的手来到稻田旁，指着一根苗说："你们蹲在这儿，仔细看看，告诉我它是否在长高？"

兄妹二人注视了很久，并不见禾苗往上长，便双双站起来对农夫说："没见长啊！"

农夫反问："真的没见长吗？那么，矮小的禾苗是怎样变得这么高的呢？"

见二人低头不语，农夫接着说："其实，它时刻都在生长，只是我们的肉眼看不到罢了。读书学习，也是一样的道理。知识是一点一滴积累的，有时连自己也不易觉察到，但只要勤学不辍，就会积少成多。"说罢，农夫扛起锄头回家了。

万氏兄妹这才意识到这位农夫便是田园诗人陶渊明。

名家卡片

陶渊明（352 年或 365 年～427 年），字元亮，又名潜，东晋末至南朝宋初期伟大的诗人、辞赋家。他是中国第一位田园诗人，有《陶渊明集》存世。

11. 梦醉故人庄
——走近孟浩然

绿树成荫，碧水长流，乡村的环境清幽宁静，农家的生活惬意无比。施大作家和万里路兄妹准备在一个老乡家住上几天，放松放松劳顿的身心。

这天早晨，主人早早起床，在门口迎接老朋友孟浩然的到来。

春末夏初时节，到处弥漫着泥土的芳香。微风吹在脸上是那样的舒服，花儿在风中摇摆着它们娇嫩的身姿，草儿身上还挂着晶莹的露珠呢！深深地呼吸一下，是那样的神清气爽。孟浩然边走边欣赏沿途美丽的景色。

"哎哟，可把你给盼来了！"主人见老朋友到来，上前紧紧握住他的手。

"是啊，好长时间没见面了。今天，我们要好好叙叙旧啊！哈哈……"孟浩然的笑声特别爽朗。

"快到屋里坐吧！"主人随手推开房门，"你看，我已经准备好了饭菜，还有自酿的家酒。且待我们一醉方休！"

"来您这儿，不喝酒也醉人啊！"孟浩然精神爽朗，"你看，这里不但能呼吸清新怡人的空气，还能聆听鸟儿欢快的鸣唱，多么令人向往！"

"再美的景也要有人欣赏。你能来，我不知有多高兴啊！今天家里还多了几个客人，一起认识认识！"主人张罗着上菜。

"那赶紧叫他们一起喝酒吃菜咯！"孟浩然俨然成了主人。

主人到里屋叫来了借宿的施大作家三人，大家围坐在桌前，其乐融融。

"您……您就是大诗人孟浩然先生吗？"万里路激动的心情溢于言表。

"正是！"孟浩然微笑着点点头。

"我太喜欢您写的那首《春晓》了！"万里路兴致勃勃地说，"'春眠不觉晓，处处闻啼鸟。夜来风雨声，花落知多少'。幼儿园的小朋友们还能跟着旋律唱呢！"

"哦，是吗？"孟浩然有些惊讶。

"不过，也有一些小朋友把您的大作给改得面目全非。您要是不介意，我给您说说。"万里路挠挠后脑勺。

"请直言！"

"春天不洗澡，处处蚊子咬。夜来巴掌声，不知死多少。"万里路都觉得不好意思了。

"哈哈！这么一改，意境全无。不过如果这样能让小朋友养成注意个人卫生的习惯，也是另有作用啊！"孟浩然调侃道。

“我最喜欢您的那首《宿建德江》。”万卷书向来喜欢诗歌。

“噢，读来听听！”主人也颇感兴趣。

“移舟泊烟渚，日暮客愁新。野旷天低树，江清月近人。”万卷书的朗诵声情并茂。

“能说说为什么喜欢我的这首诗吗？”孟浩然亲切地问。

“我觉得这首诗很有画面感，意境高远。先写羁旅夜泊，再叙日暮添愁，然后写到宇宙广袤宁静，明月伴人更亲。一隐一显，虚实相间，两相映衬，互为补充，缔造出一种特殊的意境。”万卷书舌灿莲花。

“知我者，莫若你也。”孟浩然拍拍万卷书的肩膀，话语中带着赞赏。

“别老谈诗歌，我这个粗人不懂。来，喝酒，吃菜！”主人见大家只顾聊天，赶忙招呼。

自酿的家酒芳香扑鼻，几杯下肚，三个大人已是面色红润。

万里路兄妹年龄尚小，就一个劲儿地吃菜。

"孟夫子，您好！我有一事想问，不知可否？"施大作家见气氛融洽，觉得该是解开心头之结的时候了。

"先生不必拘礼，请说。"孟浩然答道。

"'八月湖水平，涵虚混太清。气蒸云梦泽，波撼岳阳城。欲济无舟楫，端居耻圣明。坐观垂钓者，徒有羡鱼情'。如果我没猜错，您写这首诗是希望能够得到张九龄丞相的举荐而去做官。如今官没做成，您是否有些许失落？"

"非也！人生在世，岂能尽如人意，只要努力即可。如今我虽当官不成，却能享受山水田园之乐，也不枉此生。"

听罢孟浩然的话，施大作家点点头，颇有同感。

不知不觉，已是夕阳西下，众人早已酒足饭饱。该是告辞的时候了，主人苦苦挽留，孟浩然只好与他约定，待到重阳节的时候一定再来，一同欣赏那灿烂多姿的菊花。

"故人具鸡黍，邀我至田家……"孟浩然边走边吟，洪亮的声音在宁静的山野久久回荡。

名家卡片

孟浩然（689年～740年），本名浩，字浩然，号孟山人，唐代著名的田园隐逸派和山水行旅派诗人，与王维并称为"王孟"，有《孟浩然集》存世。

12. 拜访"诗佛"

——走近王维

陕西蓝田的终南山下，被称为"诗佛"的大诗人王维隐居于此。施大作家和万氏兄妹前往拜访。

下雨之后的山峦，显得格外空寂。黄昏的空气，略带凉意。

一块平整的大石头上，王维盘腿而坐，口吟诗句："空山新雨后，天气晚来秋。明月松间照，清泉石上流。竹喧归浣女，莲动下渔舟。随意春芳歇，王孙自可留。"

害怕打扰了大诗人的兴致，三人远远地找了块空地坐下来。

"施大作家，王维诗人吟的这是什么诗啊？"万里路小声地问道。

"这首诗叫《山居秋暝》。"万卷书抢先回答。

"说得对。不过，你知道这首诗的妙处吗？"施大作家说。

"我觉得第二句写得特别好。我仿佛能想象到：明亮的月光，照耀着一片松林；清清的泉水，在山石缝隙里潺潺地流着。好美啊！"万卷书有些陶醉了。

　　"的确，'照'与'流'，一上一下，一静一动，静中有动，动中有静，仿佛让人感受到大自然的脉搏在跳动。"施大作家神采飞扬。

　　"那这第三句是什么意思呢？"万里路问。

　　"竹林里传来阵阵洗衣女子回家的喧笑。莲蓬抖动，那是渔舟在行走。"万卷书对这首诗相当了解。

　　"山村的自然美和村民们的生活美是水乳交融的。这句诗由写景转为写人。未见其人，先闻其声，多么美妙啊！"施大作家补充道。

"结尾两句我明白，是诗人很喜欢这里的景色，想要留下来久居，对吗？"万里路也开始揣摩起来。

"虽然春光已逝，但秋景更佳。任凭春天花草的芳香消失，而山间秋色是诗人永远留下来的理由。"施大作家说。

"真是太棒了！"万里路不由赞叹，"王大诗人的每一首诗都是这么经典吗？"

"那当然了。他的诗，风格非常明显。"施大作家和颜悦色地说。

"风格？什么风格？"万卷书的眉头不由皱了起来。

"诗中有画，诗中有声，诗中有情，诗中有禅。"

"没错，没错！"万卷书应和道，"我背过他写的《使至塞上》，其中有一句'大漠孤烟直，长河落日圆'，简直就是一幅迷人的风景画。"

"他的《竹里馆》中的'独坐幽篁里，弹琴复长啸'，让我仿佛听到了他内心的宣泄之声，实在过瘾啊！"万卷书激动得手舞足蹈。

"还有那句'漠漠水田飞白鹭，阴阴夏木啭黄鹂'，色彩、声音、静态、动态，全有了。妙笔天成啊！"万里路也能将所学融会贯通了。

"好的作品，往往带有强烈的个人气质。王维不仅是诗人，也是画家、音乐家，还一心向佛。因此，他的作品就自然而然地综合了这些因素。《鸟鸣涧》就是其中的典型。"施大作家也举了一例。

"我会背这首诗：'人闲桂花落，夜静春山空。月出惊飞鸟，时鸣春涧中'。"万里路颇为得意。

"你们看，一个'惊'字，把深夜静山全部激活了。我很赞同学者余秋雨的观点，他认为，这是作为音乐家的王维用一声突然的琵琶高弦，在挑逗作为画家的王维所布置好的月下山水，最后交付给作为诗人的王维，用最俭省的笔墨勾画出来。"施大作家说。

"说得真好，这首诗足以让世人惊叹了！"万卷书神采奕奕。

说得正欢，抬头望远处，大诗人王维却早已不见了踪影，许是天色已晚，他回家休息了。

三人的拜访计划只好放弃。不过，刚才的畅聊已让兄妹俩收获颇多。

境幽心无碍，景美人多情。回程途中，施大作家不由吟诵起酝酿已久的诗句：

明月，松间照长楼。

灯明灭，千帐静寂，杜康以解忧。

宿寒，冷雨咽管喉。

弹素琴，独坐林间，乱世何时休。

窗湿，空山新雨后。

数峰青，几缕愁风，断烟敛云收。

帐冷，天气晚来秋。

枫叶落，一脉清泉，寂寞水逐流。

名家卡片

　　王维（701年～761年，一说699年～761年），唐朝著名诗人、画家，字摩诘，号摩诘居士，世称"王右丞"。他的代表诗作有《相思》《山居秋暝》等。

13. 边关多情

——走近王昌龄

天宇广袤，大漠雄浑。

万里路兄妹和施大作家来到了边塞，被眼前的一切震撼着。

"噔噔噔"，身着戎装的兵士骑马呼啸而过，掀起阵阵尘土。三人赶紧后退几步，背靠墙根。

"青海长云暗雪山，孤城遥望玉门关。黄沙百战穿金甲，不破楼兰终不还。"内心的波澜尚未平息，只听城墙之上传来粗犷的声音。

"这是谁？怎么会在这里吟诗？"万里路十分纳闷。

"此乃大名鼎鼎的边塞诗人王昌龄。"施大作家的情绪已然平静。

"我觉得他的这首诗写得真好。你看，'黄沙百战穿金甲，不破楼兰终不还'，在黄沙莽莽的疆场上，将士们身经百战，磨穿了铁甲衣裳。不彻底消灭入侵的边贼，誓死不回到家中。多么大义凛然啊！"万卷书谈了自己的见解。

"这是一种理解，恐怕还有一种可能。"施大作家若有所思。

"啊？"兄妹二人瞪大了眼睛。

"你看，'不破楼兰终不还'悟出豪迈之气自然可以，然而，似乎还有些'战事频繁，归期无日'的无奈。盖'终不还'者，终不得还也！"施大作家长叹一声。

"既然有疑义，为何不当面请教？"万里路提议。

施大作家点点头，三人一起顺着石阶，攀上高大的城墙。

"请问王先生，您这首《从军行》是想表达战士们以身许国的豪迈，还是想体现卷入战争的无奈？"万里路施礼求教。

"诗作一出，便已脱离作者，有了新的生命。每个人都有自己的解读方式，就让它顺其自然吧！"王昌龄的话让兄妹俩颇感意外。

既然作者如此神秘，万里路也不便再苦苦追问。不过他还想请教王先生："这样的战争不知道要什么时候才能结束？"

"从古至今，漫长的边防线上，战争一直没有停止过。去边防线打仗的战士一批又一批，却不知生死如何。假如龙城的飞将军李广今天依然健在，绝不会让敌人的军队翻过阴山。"王昌龄坚定地回答。

"您在《出塞》中写到过这个意思。"万卷书边回忆边说。

"正是！怎么，你读过？"

"秦时明月汉时关，万里长征人未还。但使龙城飞将在，不教胡马度阴山。"

"这也是我钟爱的一首诗。多么希望朝廷能起任良将，早日平息边塞战争，使国家得到安宁，人民过上安定幸福的生活啊！"王昌龄的眼中充满了期许。

就这样你一言，我一语，众人畅谈古今，各表看法。不知不觉，夜幕降临，月亮从东边徐徐升起，城墙内外也渐渐安静了下来。

忽然，不远处传来琵琶声。侧耳细听，那声音忽而清脆如小溪叮当，忽而浑厚如隔窗闷雷，忽而急切如雨打芭蕉，忽而舒缓如绵绵细雨，忽而激烈如金戈铁马……

"啊，这是战士们用琵琶所奏的音乐，你们听出来什么了吗？"王昌龄的眼中满是惆怅。

"亲人不在身边，他们一定很想回去见见家人。"万里路说。

"一边是保家卫国的荣耀，一边是思念亲人的忧愁。这种矛盾的内心，快乐大抵也只是个表象，暂时让自己得以解脱吧！"万卷书似乎也从这琵琶声中听出了什么。

"是啊，旋律可以不断变化，舞姿可以经常调整，然而缭乱的边关愁绪总是这般说不尽、听不完。这天上的秋月，脚下的长城，也许不变的只有那高高照在长城上的月亮罢了。"王昌龄目视远方，沉思良久。

夜更深了。乐声慢慢变小，喧闹归于平寂。寒风卷着沙尘袭来，似乎要吞没眼前的一切。王昌龄起身，下了石阶，回帐篷休息去了。

梦中，该是一片安宁的天地吧。

名家卡片

王昌龄（698年~756年），字少伯，盛唐时期著名的边塞诗人，其诗以七绝见长，尤以登第之前赴西北边塞所作的边塞诗最著名，被后人誉为"七绝圣手"。

14. "诗仙"之谜
——走近李白

高峰，幽谷，瀑布，溪流，演绎着庐山的秀丽。那变幻无常的云雾，更增添了几分神秘的色彩。漫步山道，万氏兄妹和施大作家有一种腾云驾雾、飘飘欲仙的感觉。

"日照香炉生紫烟，遥看瀑布挂前川。飞流直下三千尺，疑是银河落九天。"行至半路，三人忽然听到前方不远处传来熟悉的诗句。

"是李白？"万里路脱口而出，这可是他会背诵的第一首诗。

"美丽庐山，相遇诗仙！"万卷书高兴得手舞足蹈。

兄妹二人赶忙加快脚步向前，施大作家紧随其后。

一棵苍翠的松树下，李白凝神伫立。他身着长衫，手持酒壶，身材不高，却透着一种仙风道骨的气质。

"李大诗人，您的诗写得真棒。能在写作方面给我们指点一二吗？"万里路求知若渴。

　　"可以啊！"李白笑笑，"不过，你得先说说对刚才这首诗的看法。"

　　"这首诗当然是超级棒咯！"万里路竖起了大拇指。

　　"超级棒？这可不是一个好答案。具体好在哪儿，能说说吗？"

　　"这……这……"万里路支支吾吾。

　　"我觉得夸张用得特别好，写得很有想象力。"见哥哥对答不出，万卷书赶忙解围。

　　"嗯！学会欣赏，正是学习的第一步。"李白点点头，"这首诗里，不正隐含着写作的一个大秘密吗？"

　　"就是想象要大胆，对吗？"万里路豁然开朗。

"正是。想象能为诗歌插上翅膀。我在创作《夜宿山寺》的时候，也特别用到了这种方法。你们能读一两句吗？"

"危楼高百尺，手可摘星辰。不敢高声语，恐惊天上人。"万卷书的背诵抑扬顿挫。

"山上的寺院很高。怎么写出这种高？我就写人在楼上一伸手，便可以摘下天上的星星和月亮；在这里我不敢大声说话，恐怕惊动天上的神仙。"李白拿起酒壶，大口喝酒。

"这真是非凡的想象！除此之外，写诗还要注意什么呢？"万里路继续求教。

"诗歌不是无情物，它可以表达我们的喜怒哀乐。一定不要忘了，要表达真情实感。"李白谆谆教导。

"仰天大笑出门去，我辈岂是蓬蒿人——就表达了您远大的志向。"万卷书一双水灵灵的眼睛好像会说话。

"还有，我觉得从'人生得意须尽欢，莫使金樽空对月'也能看出您乐观的生活态度。"万里路紧随其后。

李白微微点了点头："走过四季都是诗，人生百味皆成文。真性情，才有真文章啊！"

"因为您是性情中人，所以特别珍惜朋友的情谊。"万卷书忽然想起了特别喜欢的诗作，随口吟道："故人西辞黄鹤楼，烟花三月下扬州。孤帆远影碧空尽，惟见长江天际流。"

"这首诗是我在黄鹤楼送别孟夫子所写的，正是我真情的一种表露。"李白捋了捋胡子。

"我还想起了另一首！"万里路脸露兴奋。

"哦，说来听听！"

"李白乘舟将欲行，忽闻岸上踏歌声。桃花潭水深千尺，不及汪伦送我情。"万里路饱含深情地吟诵。

李白听罢，目视远方，似乎进入了美好的回忆之中。

"李大诗人，我还有个问题想向您求证。"万卷书似乎憋了很久。

"请说吧！"

"书上说的'力士脱靴'是怎么一回事啊？"

"噢，那是我在长安时身为供奉翰林所发生的事。"李白说，"高力士是大太监，天子称他为兄，诸王称他为翁，驸马、宰相还要称他一声公公，何等神气！但我就是看不惯这等阿谀奉承之人，就找了个机会，借助酒劲，让他帮我脱靴而已。"

"哈哈，真过瘾！不过您好像也为此丢了官职。"万里路对这件事倒是略知一二。

"年过半百，才真正读懂了人生。丢官职有什么，就是丢脑袋我也不怕！安能摧眉折腰事权贵，使我不得开心颜！"

说罢，李白转身离去，消失在迷蒙的云雾中。

名家卡片

李白（701年～762年），字太白，号青莲居士，又号"谪仙人"，唐代伟大的浪漫主义诗人，被后人誉为"诗仙"，有《李太白集》传世。

15. 寻找 "诗圣"

——走近杜甫

四川成都西门外的浣花溪畔，住着大诗人杜甫。这天，三人前往拜访。

茅屋孤立，四下荒芜。当他们到达这里时，简直不敢相信，堂堂 "诗圣" 住的竟然是这样破败的地方。

天有不测风云。还没等万里路兄妹调整好状态，深秋里的冷风就呼啸而来。三人只好挤进不远处一个石缝里避风。

狂风怒号，卷走了大诗人屋顶上好几层茅草。茅草乱飞，飞得高的缠绕在高高的树梢上，飞得低的飘飘洒洒沉落到池塘和洼地里。

杜甫从屋里跑了出来，气急败坏地说道："南村的一群儿童欺负我年老没力气，居然这样狠心当面做贼抢东西，毫无顾忌地抱着茅草跑进竹林去了。"

"不愧是大诗人，连牢骚都发得这么有诗意！" 施大作家暗自佩服。

再看看杜甫，此刻正拄着拐杖，在门口独自叹息。

一会儿风停了，深秋的天空阴沉迷蒙，渐渐黑下来了。施大作家见状，赶紧叫万里路兄妹起身，前往拜访。

征得主人同意后，三人进了茅屋。

孩子正在屋里睡觉。被子盖了多年，又冷又硬，像铁板似的；许是睡姿不好，有几处地方还被蹬破了。

见三人惊讶的样子，杜甫叹了口气说："情况的确不好。你看这个地方，一到下雨时屋顶漏水，连床头都没有一点儿干的地方。自从安史之乱之后，我睡眠的时间很少，又湿又冷的长夜，如何挨到天亮？"

"那您有什么心愿吗？"万里路天真地问。

"心愿啊？"杜甫思忖良久，"我在想，如何能得到千万间宽敞高大的房子，庇覆天下贫寒的读书人，让他们展颜欢笑，房子在风雨中也不为所动，安稳得像山一样，那该多好啊！"

"您自己住这么差的茅屋，怎么还一心替天下的读书人着想呢？"万卷书想不明白。

"如果天下能有那么多高耸的房屋给贫寒的读书人住，即使我的茅屋被秋风所吹破，我自己受冻而死，也心甘情愿！"杜甫一扫疲态。

兄妹俩被大诗人这悲天悯人的情怀深深地打动了。许久，万里路才问了声："是什么原因，促使您去关心帮助那么多贫苦人？"

"咳咳……说来话长。"许是天冷衣薄，杜甫咳嗽了几声，"生女犹得嫁比邻，生男埋没随百草。连年战乱，老百姓生个女孩还能嫁给周围的人，生个男孩被征兵出去打仗，死了只能埋在草堆之中罢了。这样的情景，我如何看得下去？"

"国难当头，那些有权有势的人为什么不挺身而出呢？"万里路义愤填膺。

"别提他们了！"杜甫冷笑一声，"朱门酒肉臭，路有冻死骨。那些富贵人家的酒肉多得吃不了，都放臭了，穷人们却在街头因冻饿而死。这就是社会的悲剧啊！"

"所以您总是忧心忡忡？"万卷书随声附和。

杜甫点点头，半晌才说："有一件事，给我的心灵带来极大的震撼。"

"是跟战乱有关吗？"万里路猜测。

"是的。那一年，唐军到处拉壮丁补充兵力，把百姓折腾得没法活。有一天，我经过石壕村，时间已经很晚了，就到一个穷苦人家去借宿，接待我的是老农夫妻俩。半夜里，我正翻来覆去睡不着觉的时候，忽然响起一阵急促的敲门声。"

"是官兵来了？"

"我在房里静静地听着，只听到那个老人翻过后墙逃走了。老婆婆一面答应，一面去开门。进屋的是官府派来抓壮丁的差役，他们厉声吆喝着，问老婆婆家里的男人到哪里去了。老婆婆带着哭声说，她的三个孩子都上邺城打仗去了，前两天刚接到一个儿子的来信，说两个兄弟都已经死在战场上了。家里只有一个儿媳和吃奶的孙儿。"

"这么惨！"

"本以为差役会就此罢休，没想到他们竟然把老婆婆也给带走了，要她到军营给兵士做苦役。"说到这里，杜甫早已泪满眼眶……

此刻，风更大了，天更冷了，四下一片黑暗。

名家卡片

杜甫（712 年 ~ 770 年），字子美，自号少陵野老，唐代伟大的现实主义诗人，与李白合称"李杜"。杜甫共有约1500 首诗被保留下来，大多收于《杜工部集》。

16. 爱才之才

——走近韩愈

唐朝京城长安的街道上，人流如织，车水马龙。

诗人贾岛骑着毛驴，一边吟哦，一边做着好似敲门、推门的动作，不知不觉进了长安城。大街上的人看到他这个样子，都感到十分好笑。

原来，前段时间，贾岛去长安城郊外拜访一个叫李凝的朋友。夜深人静，月光皎洁，他的敲门声惊醒了树上沉睡的小鸟。不巧，这天李凝不在家，贾岛就把一首《题李凝幽居》的诗留了下来。此刻，骑在毛驴上的他正在琢磨"鸟宿池边树，僧推月下门"恰当，还是"鸟宿池边树，僧敲月下门"妥帖。因为他太过沉迷，所以行为有些古怪。

这时，正在京城做官的韩愈，在仪仗队的簇拥下迎面而来。行人、车辆都纷纷避让，贾岛骑在毛驴上比比画画，竟然闯进了仪仗队中。

两个差吏将贾岛带到韩愈面前。韩愈问："你为何冲撞我的仪仗队？"

贾岛回答："我正在斟酌诗里的一个字眼儿，无意间冲撞了大驾，求您宽恕。"

接着，贾岛就把自己写诗的事告诉了韩愈，并说自己正犹豫不决，不知道是用"推"好还是用"敲"好。韩愈也是一位著名的诗人，便很有兴致地思索起来。过了一会儿，他对贾岛说："还是用'敲'字更好些。月夜访友，即使友人家的门没有闩，也不能莽撞推门，敲门表明你是一个懂得礼貌的人。再说，用'敲'字更能衬托出月夜的宁静，读起来也响亮些。"贾岛听了，连连点头。

这一幕，只看得万里路和施大作家目瞪口呆。

"冲撞了仪仗队，不仅免受处罚，还与他推敲诗文，真乃奇闻！"万里路简直不敢想象。

"都说'文人相轻'，我看这是'文人相亲'啊！"施大作家也颇有兴致。

"既然韩愈大师这般喜欢诗文，不如我们向他请教请教？"万卷书提议。

二人自然点头赞同。

到了韩愈府上，三人受到了热情款待。忙完公差的韩愈，与三人围坐在客厅，气氛甚是融洽。

"韩老师，您这么有学问，能告诉我们一些学习的秘诀吗？"万里路开门见山。

"秘诀？哪有什么秘诀？"韩愈摆摆手，"送你们一句话：书山有路勤为径，学海无涯苦作舟。"

"求学之道在勤奋，无捷径可走。那育才之道，总有方法吧？"遇到韩愈，施大作家心里可有问不完的问题。

话题一下子转换到育才上，韩愈就示意万里路兄妹俩到书房，去读读自己刚写的诗文。

"世间有了伯乐，然后才会有千里马。千里马经常有，可是伯乐不会经常有。当一位老师，要善于发现和培养人才，多么不容易啊！"韩愈给施大作家斟上一杯酒。

"这次出行，带着两个小朋友。我希望既能在学问方面提升他们，更希望能给他们做人方面的启发。"施大作家谈了自己的想法。

"甚为同意。"韩愈喝了一口酒，"师者，所以传道授业解惑者也。老师正是传授道理、教授学业、解释疑问的人。"

"我尽力创造条件，至于他们能否成为'千里马'，我也没有把握！"施大作家说。

"只要能看到他们的点滴进步，给予鼓励，提醒不足，成才指日可待！"韩愈连连鼓励。

"听说您当年为了提携李贺，费了不少心思。"施大作家问。

"那年，18 岁的李贺从近郊昌谷来找我，还带了刚写的作品《雁门太守行》。我刚看了开头两句'黑云压城城欲摧，甲光向日金鳞开'，就十分满意；看罢全文，更是惊叹李贺有才。"韩愈目光中满是兴奋。

"那后来呢？"

"后来啊，在我的推荐下，他顺利地通过地方的初试，被地方保举到长安参加进士考试。不过，当时一些人嫉妒李贺少负盛名，便绞尽脑汁找各种理由，剥夺他参加殿试的资格。我虽然极力为他辩护，但仍无多大效果。李贺只能失望而归。"

"这件事不仅对李贺后来的人生影响很大，更是给您带来了不小的打击。"施大作家将杯中酒一饮而尽。

"事业无穷年。不管遭遇多大的挫折，只要按着自己的心愿去做，就能无愧此生……"

客厅里，两个智者的谈话还在继续。

书房中，传出了兄妹俩不绝于耳的赞叹声。

名家卡片

韩愈（768 年 ~ 824 年），字退之，河南河阳（今河南省孟州市）人，唐代杰出的文学家、思想家、哲学家，著有《韩昌黎集》《师说》等。

17. 万千悲寂

——走近柳宗元

唐朝的永州，出产一种奇特的蛇。它有着黑色的质地，白色的花纹。如果这种蛇碰到草木，草木全都干枯而死；要是被它咬到，没一个人能活命。

三人途经此地，自然有些畏惧。天色已晚，只得向一户蒋姓人家借宿。

吃罢晚饭，主人在院子中收拾杂物，只见门外走进一个人来。此人一米七多的个头，虽是壮年，但显得衰老清癯，举止颇为文雅。

"老乡啊，听说您这里有很多人捕蛇，这是为什么？"来者态度和蔼。

"捉到毒蛇后把肉晾干，用它来做成药饵，可以治愈大风、挛踠、瘘、疠等疾病，去除死肉，杀死人体内的寄生虫。作用大着呢！"老蒋回答。

"可是捕蛇随时都有生命危险啊！"来者迷惑不解。

"危险是危险，不过太医用皇帝的命令征集这种蛇，每年征收两次，招募能够捕捉这种蛇的人，用蛇来抵充他的税收。所以，永州的人都争着去做捕蛇这件事。"老蒋说。

　　"您家有人捕蛇吗？"

　　"当然啦，我家享有这种捕蛇而不纳税的好处已经三代了。只是，我的祖父死在捕蛇这件事上，我的父亲也死在这件事情上。现在我继承祖业干这差事也已十二年了，差点被毒蛇咬死的情况也有好几次了。"老蒋怏怏不乐。

　　来者很同情老蒋，就对他说："你怨恨这差事吗？我打算告诉地方官，让他更换你的差事，恢复你的赋税，怎么样？"

　　老蒋听了，更加悲伤，满眼含泪地说："你要哀怜我，使我活下去吗？那么我干这差事的不幸，还比不上恢复我赋税的不幸那么厉害呀。假如从前我不做捕蛇这件事，那我的生活早已困苦不堪了。自从我家三代住到这个地方，到现在已经六十年了，可乡邻们的生活一天天地窘迫，他们把土地上生产出来的、家里收入的都拿出来交租税，仍然不够。"

　　"实在不行，可以离开这里啊！"来者说道。

　　"是啊，很多人只好哭喊着辗转迁徙。然而一路上顶着狂风暴雨，冒着严寒酷暑，呼吸着带毒的疫气，一个接一个死去，尸体一具压着一具。可是我凭借捕蛇这件事活了下来。"

　　"这么看来，毒蛇已经成为你生活中最重要的东西了？"来者面色凝重。

　　"每天夜里我都要起来好几次，看看瓦罐，只要蛇还在，就会放心地躺下。我小心地喂养蛇，到规定的日子把它献上去。"

　　"您怨恨捕蛇吗？"来者的言辞变得犀利。

　　"每次交蛇抵税回家后，便能有滋有味地吃着田地里出产的东西。一年当中冒着死亡的威胁只有两次，其余的日子就可以快快乐乐地度过。哪像我的乡邻们那样，天天都有死亡的威胁。即使我死在这件差事上，与我的乡邻相比，也已经死在他们后面了，又怎么敢怨恨捕蛇这件事呢？"

　　来者无语，转身默默离开。脚步比来时沉重许多。

　　"施大作家，刚才这个人是谁啊？"万卷书隔着屋子听了半天，愣没明白。

　　"他叫柳宗元，是个大学问家。"施大作家回答。

"那他来老蒋家干什么呢？"

"他呀，想通过自己的亲身调查，呈现一个事实：朝廷的苛捐杂税对老百姓的毒害，已经到了比毒蛇更可怕的地步了。"

"所以，他要写文章，期待那些朝廷派出的考察民情的人能够更加了解情况？"万卷书试着分析。

"正是。写文章反映民情，是他这样的大学问家能做也最愿意做的事了。"

"我想起来了，柳宗元不是写过一首叫《江雪》的诗吗？"一旁的万里路觉得来者的名字很耳熟，正搜肠刮肚地想他的作品呢。

"千山鸟飞绝，万径人踪灭。孤舟蓑笠翁，独钓寒江雪。"万卷书背得十分熟练。

"难道，这首诗中孤独的老翁就是指他自己？"万里路揣测道。

"此话怎讲？"施大作家忙问。

"冰天雪地，没有行人，没有飞鸟，只有一位老翁独处孤舟，默然垂钓。这不正象征着在严酷的环境中作者顽强不屈、凛然无畏的精神吗？"

施大作家点头赞许。

名家卡片

柳宗元（773年～819年），字子厚，唐代文学家、哲学家、散文家和思想家，代表作有《溪居》《江雪》《渔翁》《捕蛇者说》等。

19. 陋室不陋

——走近刘禹锡

得知大诗人刘禹锡在安徽和州县，三人前往求教。

"说说你们对刘禹锡的印象。"路上，施大作家挑起话题。

"我喜欢他的《乌衣巷》：朱雀桥边野草花，乌衣巷口夕阳斜。旧时王谢堂前燕，飞入寻常百姓家。"万卷书倒背如流。

"噢，说说为什么喜欢？"施大作家问。

"诗人通过对野草、斜阳、飞燕等形象的描述，抒发了物是人非、沧海桑田的感慨。全诗含蓄隽永，耐人寻味。"万卷书语调舒缓。

"有品位！刘禹锡的不少怀古咏史之作的确精彩。"施大作家说。

"我喜欢那首《望洞庭》：湖光秋月两相和，潭面无风镜未磨。遥望洞庭山水翠，白银盘里一青螺。"万里路低声轻吟，"这首写景诗，既有细致的描写，又有生动的比喻，多有味道啊！"

"很好，有自己的见解，这对学习来说至关重要。"施大作家提示，"想知道我喜欢他的什么作品吗？"

"当然想了——"兄妹俩异口同声。

"我喜欢他的《秋词》：自古逢秋悲寂寥，我言秋日胜春朝。晴空一鹤排云上，便引诗情到碧霄。悲秋，从来就是诗人的'职业病'，他却'反其道而行之'，认为天高气爽的秋天使人心胸开阔，更有诗意。我喜欢这样有独特思想的诗人。"施大作家滔滔不绝。

正说着，刘禹锡的住所已到。

一间破屋，门正敞开着。往内看，一床、一桌、一椅，甚为寒碜。

"这……这就是您住的地方？"万里路惊讶地询问在门口浇花的刘禹锡。

"怎么，不像吗？"刘禹锡笑着放下水壶。

"您应该住着高大的房子，雄伟壮观，富丽堂皇。这等模样，的确超出了我们的想象啊！"万里路直言不讳。

"哈哈，我本来官至监察御史，只因参加了王叔文的'永贞革新'，反对宦官和藩镇割据势力，革新失败后被贬于此，当了个小小的通判。"刘禹锡气定神闲。

"按规定，通判也可以在县衙里住三间三厢的房子啊？"万卷书感到不可思议。

"按理说是这样，可和州知县要故意刁难我啊。他先安排我在城南面江而居，我自然很高兴，还写下了两句话贴在门上：

面对大江观白帆，身在和州思争辩。"

"这不正如您所愿吗？"万里路笑言。

"是啊。可是咱们的知县大人知道我写对联的事后很生气，就吩咐衙里的差役把我的住处从县城南门迁到县城北门，面积由原来的三间减少到一间半。新居位于德胜河边，附近垂柳依依，环境不错，我又在门上写了两句诗：垂柳青青江水边，人在历阳心在京。借此表达我的想法。"

"那为何又会来到这里？"万卷书十分不解。

"那位知县见我仍然悠闲自乐、满不在乎，又再次派人把我的住所调到县城中部，就是你们现在看到的斗室。他完全不知道，在这里生活我也很惬意啊！"

"身居陋室，何谈惬意？"施大作家问。

"山不在高，有仙则名。水不在深，有龙则灵。斯是陋室，惟吾德馨。"刘禹锡放声吟道，"山不在于高，有神仙就出名；水不在于深，有龙就变得神奇了。这是简陋的屋子，只是因为我的品德高尚，也就不感到简陋了。"

"嗯，景色也不错。"万里路调皮地补充道。

"那当然咯！你瞧，苔痕碧绿，长到阶上；草色青葱，映到帘上。"刘禹锡随手一指，"最重要的是，在此谈笑交往的都是有学问的人。可以弹奏不加装饰的古琴，阅读佛经。没有奏乐的声音来扰乱耳朵，没有官府的公文使身体劳累。南阳有诸葛亮的草庐，西蜀有扬子云的亭子。孔子就曾说过，有什么简陋的呢？"

刘大诗人言毕，转身继续赏花。

名家卡片

刘禹锡（772年～842年），字梦得，洛阳人，唐代文学家、哲学家。刘禹锡诗文俱佳，涉猎的题材广泛，与柳宗元并称"刘柳"，与韦应物、白居易合称"三杰"。

19. 一曲琵琶传千年

——走近白居易

　　唐宪宗元和十一年的一天，万里路兄妹和施大作家来到了九江浔阳江畔，欣赏这里美丽的景色，却无意中见证了名篇《琵琶行》的诞生。

　　大诗人白居易因为一桩冤案被贬此地，如今已是第二年。这天，他正在此处送别一个朋友。

　　茫茫的江水里沉浸着明月，这番诗情画意颇让人沉醉。然而，诗人和朋友却无心欣赏，闷闷地喝醉了，凄惨地道别。

　　即将分别的时候，水面上飘来琵琶的声音。那声音煞是美妙，以至于让白居易忘记了回去，那个朋友也在侧耳倾听。

　　"是谁在弹奏如此动听的乐曲？"朋友疑惑地问。

　　"不知。"白居易摇摇头，"不如我们靠近前面那只船看看。"

　　船慢慢地靠近了。白居易一面邀请刚才弹奏的人露个面，一面吩咐船家添酒、挑灯，又摆上酒宴。

　　千呼万唤，那个弹琴的女子才缓缓地走出来，怀里抱着琵琶，半遮着脸面。只见她转紧琴轴拨动琴弦试弹了几声，尚未成曲调，那形态就非常耐看。

那女子低着头随手连续地弹个不停，好像要用琴声把心中无限的往事说尽。每一弦都在叹息，每一声都在沉思，应该是在诉说自己不得意的身世。

她轻轻地拢，慢慢地捻，一会儿抹，一会儿挑。开头弹《霓裳》，后来弹《六幺》。大弦嘈嘈，好像是疾风骤雨；细弦切切，好像是儿女私语。嘈嘈声切切声互为交错，宛若大珠小珠一串串掉落在玉盘。

"这琴声颇有京城里的韵味，一定是曹、穆两位名师的高徒吧？"白居易暗自揣度。

正想着，琵琶的演奏声变得更加丰富。一会儿似花底的黄莺唧唧啾啾，叫得那么婉转；一会儿若冰下的泉水幽幽咽咽，流得那么艰难。好像水泉冷涩，琵琶声开始凝结；凝结而不通畅，声音渐渐地中断。感觉另有一种愁思幽恨暗暗滋生，此时闷闷无声，却比有声更揪人心。

突然间，琴声好像银瓶撞破，水浆四溅；又好像铁甲骑兵厮杀，刀枪齐鸣。

一曲弹完，她对准琴弦中心划拨，四弦一声轰鸣，俨然撕裂了布帛。

大家都被这高超的技艺征服了，船舫静悄悄的，只见一轮秋月在江心闪耀着银波。

　　女子沉吟着收起拨片，插在琴弦中，整理好衣裳，站起来显得十分肃敬。她的心门也慢慢打开了："我原是京城负有盛名的歌女，家住在长安城东南的虾蟆陵。十三岁就已学成弹奏琵琶的技艺，教坊乐团第一队中列有我的姓名。每曲弹罢都令曲师们叹服，每次妆成都被同行歌妓嫉妒。五陵少年，争先恐后地赠我礼品；一支曲子，换来无数匹吴绫蜀锦。"

　　说到此处，女子的脸上泛起了微微笑意。

　　再看众人，已然沉浸在她深情的叙述中。

　　和变化多端的琵琶声一样，女子的语调渐渐起了变化："年复一年都在欢笑打闹中度过，秋去春来美好的时光白白消磨。兄弟从了军，姊妹辞别了人世，无情的时光，夺去了我美艳的容颜……"

　　此时，女子的情绪有了变化，似乎还能听到哽咽声："门前的车马越来越稀。嫁了个商人，跟他来到这里。商人只看重利益，哪在乎别离。上个月他又到浮梁去买茶做生意，留下我在江口，独守这空荡荡的船舱。秋月与我为伴，绕舱的秋水凄寒。深夜里我忽然梦回美好的少年时代，满脸泪水，哭醒后更加悲伤。"女子的诉说深深地触动了众人的心。

白居易走到船头，发出了一声长长的叹息。许久，他才说道："我听琵琶的悲泣早已摇头叹息，不料又听到你这番诉说，更叫我感到悲戚。同是天涯沦落的可悲人，今日相逢何必问是否曾经相识？我自从去年辞别了京城，贬官在浔阳，一直卧病。浔阳这地方荒凉偏僻，哪有什么音乐，一年到头，也听不见管弦奏鸣。我和你一样，过着多么苦闷的日子啊！

"今晚，听了你用琵琶弹奏的乐曲，好像听到了天上的仙乐，耳朵也顿时清明。不要告辞，请坐下再弹一支曲子，我替你谱写歌词，题目就叫作《琵琶行》。"白居易言辞恳切。

此番言语，情真意切。女子听罢，长久地站立，又回身坐下拨弦索，拨得更急，凄凄切切，不再像刚才那种声音。

再看看白居易，泪水早已湿透了青衫。

名家卡片

　　白居易（772年～846年），字乐天，号香山居士，又号醉吟先生，唐代伟大的现实主义诗人，代表诗作有《长恨歌》《卖炭翁》《琵琶行》等。

寻找名家名作（阅读积累篇·上）

20. 时代的挽歌

——走近杜牧

安徽和县东北的乌江亭，是楚汉争霸时期项羽兵败自刎的地方。

公元前 202 年，项羽被刘邦打败后，带领八百人马突出重围，来到乌江之畔。乌江亭长建议他赶快渡江，招兵买马，以图东山再起，报仇雪恨。可项羽觉得愧对江东父兄，遂羞愤自尽。

这日，施大作家带领万里路兄妹来此凭吊。江水滔滔，仿佛在述说着两千多年前那撼人心魄的故事，引发几多遐想。

正当三人沉浸其中时，一个头戴官帽的人伫立江边，吟道："胜败兵家事不期，包羞忍耻是男儿。江东子弟多才俊，卷土重来未可知。"

"此乃何人？"万里路问。

"他就是著名诗人杜牧。"施大作家答。

"噢，听他的诗歌，好像在感叹项羽不会忍受屈辱，满是遗憾。"万里路似乎听懂了一些。

"胜败乃兵家常事，是难以预料的，能忍受失败和耻辱才是真正的男儿。江东的子弟人才济济，如果项羽当年重返江东，说不定能卷土重来。这是他的感慨。"施大作家做了一番解释。

"我觉得他说的对。"万卷书评价道，"想当年越王勾践兵败会稽，给吴王夫差做牛做马，忍受了种种屈辱。二十多年的卧薪尝胆，终于转弱为强，出奇兵灭掉了吴国。相比之下，项羽真该忍受一时之辱才是。"

"包羞忍耻是男儿。你们想，大将军韩信甘愿忍受胯下之辱，绝不是懦弱和屈服，而是为了生存和更好地发展。"施大作家也直抒己见。

"我不觉得是这样。如果当年项羽忍辱偷生，他留给人们的就不会是一个伟岸的大丈夫形象了。"万里路颇有自己的见解。

"李清照的《夏日绝句》，就是对项羽的一种称赞。"施大作家提醒道。

"'生当作人杰，死亦为鬼雄。至今思项羽，不肯过江东'。英雄气概，感天动地啊！"万里路慷慨激昂。

"你们讲得都很有道理。评价历史本来就是仁者见仁，智者见智，关键要看说得有没有道理。"施大作家说。

正谈到兴头上，他们猛然发现大诗人杜牧早已离开了江畔。

兄妹俩有些失望，本想好好当面请教，如今却错过了大好机会。

"说不定是我们刚才的讨论声太大，把斯文的杜大诗人给吓

跑了！"施大作家调侃道。

"啊？"万卷书一脸无辜。

"我不同意，他一定又写诗去了。"万里路嘟着嘴说。

"哈哈，大诗人因何离去不重要，关键是对他的诗作，你们还了解多少。"施大作家话锋一转。

"我还知道他写的《江南春》：千里莺啼绿映红，水村山郭酒旗风。南朝四百八十寺，多少楼台烟雨中。"万卷书忆起课本中的诗作来。

"南朝那么多的寺庙，被烟雨包围着，越发显得幽深和神秘，使人产生不尽的历史联想。杜牧的咏史诗就是这般耐人寻味。"施大作家略作点拨。

"还有那首《赤壁》：折戟沉沙铁未销，自将磨洗认前朝。东风不与周郎便，铜雀春深锁二乔。"万里路也高声吟诵。

"说说你读懂了什么。"施大作家慈爱地摸摸万里路的头。

"倘若当年天不作美，没有东风相助，周瑜怎么能火烧曹操八十万水军而大获全胜呢？恐怕就连大乔和小乔两位东吴美女，也将被曹操深锁于铜雀台了。我觉得诗人很有自己的想法。"

"你瞧，又是对历史进行大胆的假设。非大诗人做不到这一点啊！"施大作家心生佩服。

"杜牧还写过哪些经典的咏史诗呢？"万卷书的兴趣越来越浓。

"《泊秦淮》写得也相当精彩。"施大作家说道，"烟笼寒水月笼沙，夜泊秦淮近酒家。商女不知亡国恨，隔江犹唱后庭花。"

"'后庭花'是什么啊？"万里路不明白。

"南朝后主所作的《玉树后庭花》，被指为靡靡之音。诗人既吊古又讽今，由南朝统治者的醉生梦死，联想到晚唐统治者的纸醉金迷。"

二人若有所悟。

"还有一首叫《过华清宫》，也颇具讽刺意味。"施大作家说，"杜牧的咏史诗，既是对历史的凭吊，又是对现实的批判，更有自身的伤怀，伤感凄楚，苍凉低昂，近乎一曲时代的挽歌。"

江水滔滔，淹没了施大作家的话语，也尘封起一段波澜壮阔的历史。

名家卡片

杜牧（803年～852年），字牧之，号樊川居士，唐代杰出的诗人、散文家，主要作品有《阿房宫赋》《遣怀》《樊川文集》等。

21. 无题

——走近李商隐

这天，三人途经一处地方，在柳树下休息，忽见树旁的墙上题着几首诗。

万里路颇为好奇，仔细辨读起来："花房与蜜脾，蜂雄蛱蝶雌。同时不同类，那复更相思……"

"这诗是谁写的？什么意思？怎么会在这里？"一连串的问题在万卷书脑海里萦绕。

"这些诗一共五首，是晚唐大诗人李商隐写的。至于诗意嘛，咳咳，少儿不宜！"施大作家故意干咳了几声。

见施大作家如此神秘兮兮，万卷书撒起娇来："我们都已经长大了，还有什么不能说的吗？"

"是啊，快说吧，您就当我们是大人，不就行了吗？"万里路也催促起来。

软磨硬泡之下，施大作家终于开口了："话说当年，洛阳城里，有一个叫柳枝的姑娘，长得非常漂亮。"

"到底有多漂亮啊？"万卷书精神劲儿十足。

"反正比你漂亮。"万里路抢先回答，惹来万卷书一顿狂揍。

"魔鬼身材，天使脸蛋。满脸都是温柔，满身尽是秀气。美吧？"施大作家语调轻柔。

"美——"兄妹俩异口同声。

"柳枝姑娘因诗及人，对李商隐一见钟情。而李商隐呢，也深深地喜欢上了她。第一次见面时，柳枝姑娘就约李商隐三天后再相见，并且有悄悄话要对他说。李商隐自然欣喜万分。"

"那后来呢？"万卷书被深深吸引住了。

"就在李商隐第二次动身去洛阳的时候，一同参加科举考试的朋友，竟然恶作剧地将他的行囊带到长安去了。李商隐不得不追赶那位开玩笑的朋友，因而错过了与柳枝的约会。"

"啊？"兄妹二人目瞪口呆。

"那年的冬天，柳枝的兄长冒雪赶到长安，告诉李商隐，柳枝已被关东的一位地方长官娶为姬妾了。李商隐泣声不止，但往事已矣，既然柳枝已嫁作他人之妇，他只能在心里默默祝福。所以，他特意题写了这些《柳枝诗》，传达自己的思念之情。"

"这么说，李商隐应该算是一个情诗王子！"万里路开了个玩笑。

"此言不差！"施大作家说，"可以说，在三千多年的中国古典诗歌史上，李商隐绝对是排在第一位的天才情种。伟大诗人如屈原、陶渊明、李白、杜甫、王维，把他们的情诗加在一

起，也没李商隐一人写得多，写得好。在他那些神秘的无题诗里，总有美丽多情的女子面影在晃动，绻缱缠绵，难以忘怀。"

"无题诗？就是没有题目的诗吗？"万里路相当疑惑。

"可以这么说，但往往是'无题胜有题'。李商隐把自己难言的隐痛，莫名的情思，苦涩的情怀，全都寄托其中。"

"能给我们说一首吗？"万卷书托着下巴，似乎刚刚从凄美的爱情故事中回过神来。

"相见时难别亦难，东风无力百花残。春蚕到死丝方尽，蜡炬成灰泪始干。晓镜但愁云鬓改，夜吟应觉月光寒。蓬山此去无多路，青鸟殷勤为探看。"施大作家的声音颇有磁性。

"春蚕到死丝方尽，蜡炬成灰泪始干。这不是赞美老师无私奉献的诗句吗？"万里路好像有了什么发现。

"这两句诗正是出自李商隐的《无题》之一。借用春蚕到死才停止吐丝，蜡烛烧尽时才停止流泪，来比喻男女之间的爱情至死不渝。"施大作家说，"至于后人用来赞美教师，也许是一种误读，也许是引申其义罢了。"

"那李商隐的无题诗一共有多少首呢？"万卷书问。

"一共有二十多首呢。再比如这一首也很出名：昨夜星辰昨夜风，画楼西畔桂堂东。身无彩凤双飞翼，心有灵犀一点通。隔座送钩春酒暖，分曹射覆蜡灯红。嗟余听鼓应官去，走马兰台类转蓬。"

"身无彩凤双飞翼，心有灵犀一点通。这两句我们太熟悉了！"万卷书脱口而出。

"这两句是此诗的精华，艳绝千古，传诵不衰。情人间心有灵犀相通之说，由来已久，唯有李商隐能一语道破之。"

"我就奇怪了，为什么李商隐的情诗那么经典？"万卷书追问。

"肯定是感情经历丰富咯！"万里路嬉皮笑脸地说。

"在那个男尊女卑的封建时代，以一种平等、尊敬的姿态，同情、爱慕、思恋着女性，独一无二地写出了大量触动心灵的爱情诗篇，自然会引起更多人的共鸣。"施大作家说。

兄妹俩互视一笑，不知是懂了还是没懂。

名家卡片

李商隐（约813年~858年），字义山，是晚唐乃至整个唐代为数不多的刻意追求诗美的诗人，主要作品有《李义山诗集》。

22. 千古词帝

——走近李煜

北宋太平兴国三年，汴京城里一派繁荣。

傍晚，万里路兄妹和施大作家从西城墙外一个村子经过，被一阵吟唱之声吸引。

"春花秋月何时了，往事知多少。小楼昨夜又东风，故国不堪回首月明中。雕栏玉砌应犹在，只是朱颜改。问君能有几多愁，恰似一江春水向东流。"侧耳倾听，那声音如泣如诉，动人心魄。

"施大作家，这人是谁，怎么吟诵得如此凄凉？"万里路问。

"皇帝。"施大作家面色凝重。

"啊，皇帝？"万里路简直不敢相信自己的耳朵——皇帝怎么会住在这样的地方，又怎么会痛苦到这等程度。

"准确地说，应该是曾经的皇帝。"施大作家叹了一口气，"他就是南唐的末代君主李煜，因为政治上毫无建树，在南唐灭亡后他被北宋俘虏，囚居在此。"

"那他刚才在感慨什么呢？"万卷书凑过脸来。

"春花秋月什么时候才了结？往事知道有多少？小楼上昨夜又刮来了东风，在这皓月当空的夜晚，怎承受得了回忆故国的伤痛。精雕细刻的栏杆、玉石砌成的台阶应该还在，只是朱红的颜色已经改变。若要问我心中有多少哀愁，就像这不尽的滔滔春水滚滚东流。"施大作家对李煜的《虞美人》做了一番解释。

"春花秋月，小楼东风，多美啊，可是在一个落魄的人眼中，只会把自己的命运衬托得更加悲凉。"万卷书轻声感叹。

"从南唐国君一下子变为宋朝的囚犯，不仅仅失去了至高无上的地位和权力，更残酷的是失去了最起码的人身自由。他能不伤心吗？"万里路不由心生怜悯。

"你们最喜欢词中的哪一句？"施大作家问。

"问君能有几多愁，恰似一江春水向东流。"兄妹俩齐声喊道。

"说说为什么？"

"好像除了他，没人把忧愁比作水，可谓独创！"万里路抢先发话。

"第一个吃螃蟹的。"施大作家笑笑，"这可不是最主要的原因哟！"

"用水来比喻愁，将看不见摸不着的愁思，变成了有形的一江春水。好像自己的悲愁也和流水一样，绵绵无期，永不停息。这样写特别能打动人心。"万卷书的心思果然细腻。

"讲得好！"施大作家摸摸万卷书的头，"李煜最经典的词，写的全是亡国之痛，念国之情，意境深远，感情真挚，实为妙品！"

"能再给我们吟诵一首他的词吗？"一种独特的思绪牵动着万卷书的心。

　　"帘外雨潺潺，春意阑珊，罗衾不耐五更寒。梦里不知身是客，一晌贪欢。独自莫凭栏，无限江山，别时容易见时难。流水落花春去也，天上人间。"

　　"流水落花春去也，天上人间。今昔对比，一是天上一是人间，把自己内心所有的失落都展现得淋漓尽致。"万卷书甚为欣赏。

　　"没有这些大喜大悲的经历，他也不会对生活有那么多的感慨吧！"万里路也深沉了一番。

　　"南唐后主由皇帝沦为囚徒，经历了极乐与极悲的一生。这种由人间天堂到地狱的体验，加深了他对生活的思考，对人生的思考，对生命本质的思考。由此而创作的词作，也就更加打

动人心了。"施大作家的话总是入木三分。

"我还想听听他的词。"万卷书简直痴迷了。

"还有那首《相见欢》颇为著名：无言独上西楼，月如钩。寂寞梧桐深院锁清秋。剪不断，理还乱，是离愁。别是一般滋味在心头。"天色渐黑，施大作家边说边加快脚步，他们还要赶到汴京城内住宿。

"字字看来皆是情！"万卷书赞叹道。

"果然经典！"万里路也似乎品出了其中的深长意味。

大约个把时辰，三人到了客栈门口。只见店里围了不少人，人们都在谈论刚刚发生的事：宋太宗赵匡义赐酒李煜将其毒死。

"作个才人真绝代，可怜薄命作君王。"施大作家仰天长叹。

这一天，正是农历七夕，是李煜出生的日子，也是他死亡的日子。

名家卡片

李煜（937年~978年），南唐中主李璟第六子，字重光，号钟隐、莲峰居士，南唐最后一位国君。李煜精书法，工绘画，通音律，诗文均有一定造诣，尤以词的成就最高。

23. 凡有井水处，皆能歌柳词

——走近柳永

深秋时节，汴京城外。

一阵急雨刚停住，正是傍晚时分，蝉儿叫得那样凄凉而急促。

万里路一行途经长亭避雨休息，却无意遇到一对正在分别的恋人。

桌上摆着酒菜，两位恋人却丝毫没有畅饮的心绪，正握着手互相对视，满眼泪花。船夫已催着出发好几次了，他们还是这样默默相看，似有千言万语噎在喉间说不出来。

终究是要分别了。书生松手走上船，目光却久久定在恋人的身上，该是有千般万般的不舍。船缓缓划动，他轻声吟唱：

"寒蝉凄切，对长亭晚，骤雨初歇。都门帐饮无绪，留恋处，兰舟催发。执手相看泪眼，竟无语凝噎。念去去，千里烟波，暮霭沉沉楚天阔。"

上阕吟毕，书生早已悲不自胜，擦去泪水，接着吟唱起下阕：

"多情自古伤离别，更那堪，冷落清秋节！今宵酒醒何处？杨柳岸，晓风残月。此去经年，应是良辰好景虚设。便纵有千种风情，更与何人说。"

船儿渐行渐远，慢慢消失在天之尽头。恋人依然伫立在江边，凝视着远方，只见一江秋水流向天边……

"真是一对恩爱的恋人啊！"离情别绪撩拨着万卷书的神经。

"那人是谁？词唱得真好！这么有水平的人，为什么不留在京城当官呢？"万里路把疑惑的目光投向了施大作家。

"他呀，就是大名鼎鼎的词人柳永。至于为什么不去当官，还有段故事呢！"

"什么故事，快说来听听。"万里路一副洗耳恭听的样子。

"那一年，柳永本中了科举，有机会当官。可是，他写了一首词，正是这首词让他惹上了麻烦，断送了前程。"

"什么词？"

"这首词叫《鹤冲天》，其中有一句'忍把浮名，换了浅斟低唱'。这话的意思很明显，说的是世间的浮名虚誉，怎比得上我柳永手中浅浅的一杯酒和耳畔低回婉转的歌唱。"施大作家说。

"这下闯祸了！"

"不闯祸才怪！"施大作家叹了口气，"仁宗皇帝一看这词，相当生气。好你个不思进取的柳永，看我怎么收拾你。于是就把柳永的名字从中榜名单中划去。一边划还一边骂：'此人好去浅斟低唱，何要浮名？且填词去。'就这样，柳永的命运因为这首词而改变了。"

"唉，成也萧何败也萧何。柳永因为文笔好，中了科举，却也因为管不住手中的笔，只能过着落魄的日子。"万卷书长吁短叹。

"不过文人毕竟是文人，好像总有摧不垮的意志。这件事之后，柳永干脆就靠为乐工歌妓填词换取收入为生，倒也自在。而且还自称'奉旨填词'，何等潇洒！"

"所以他就成了职业词人？"万里路问。

"正是。从那以后，柳永专门出入名妓花楼，名妓们供给他衣食，纷纷求他赐词以抬高身价。柳永也乐得漫游名妓之家以填词为业，并口口声声'奉旨填词柳三变'。"

"噢，难怪有句话叫'凡有井水处，皆能歌柳词'。正是借助歌妓们的传唱，柳永的词才被越来越多的人所熟知。"万卷书若有所悟。

"柳永对词创作的贡献很大。"施大作家评价道，"柳永的词题材相当丰富，游仙、咏史、咏物等题材皆能变'雅'为'俗'，贴近老百姓的生活，因此得到人们的喜欢。"

"能说说他的一些作品吗？"万卷书问施大作家。

"比如他的《蝶恋花》：伫倚危楼风细细，望极春愁，黯黯生天际。草色烟光残照里，无言谁会凭阑意。拟把疏狂图一醉，对酒当歌，强乐还无味。衣带渐宽终不悔，为伊消得人憔悴。"

"这首词妙在何处呢？"万里路一下子没品出其中的精华。

"紧扣'相思'之意，却又迟迟不肯说破，只是从字里行间向读者透露出一些消息。眼看要写到了，却又刹住，掉转笔墨，如此影影绰绰，扑朔迷离，直到最后一句，才使真相大白。相思感情达到高潮的时候，戛然而止，激情回荡。妙不可言啊！"施大作家赏析道。

"衣带渐宽终不悔，为伊消得人憔悴。好熟悉的句子啊！"万卷书说。

"嗯，这句实在经典。清代著名学者王国维还将其引申为'人生第二境界'呢！"施大作家对古典文化知之甚多。

"啊，写相思的词句也能成为'人生第二境界'？"

看着万里路丈二和尚摸不着头脑的样子，施大作家和万卷书不禁开怀大笑。

聪明的你知道其中的奥秘吗？

名家卡片

柳永（约984年～1053年），原名三变，字景庄，后改名柳永，字耆卿，因排行第七，又称柳七，北宋著名词人，婉约派代表人物。

24. 月下清谈

——走近苏轼

"自古中秋月最明，凉风届候夜弥清。"

时光定格在北宋神宗熙宁九年的中秋。这天晚上，密州城里家家户户欢聚一堂，其乐融融。此情此景，不由触动兄妹俩思家的情怀。

"中秋佳节，良辰美景，为了寻找名家名作，漂泊在外，难免想家啊！"施大作家安慰道。

"有什么法子消遣这难熬的时光吗？"万里路神情沮丧。

"我带你们去找一个人。"施大作家神秘兮兮。

"谁？"

"苏东坡！"

"啊，为何找他？"

"这样的夜晚，他正独自一人喝酒呢。我们去找他聊聊天吧！"

云淡天青，月光把水面照得银光闪闪。江边一处朱红色的

寻找名家名作（阅读积累篇 上）

楼阁里，苏大学士正倚靠在雕花的窗户边，自斟自饮。

"大学士为何在此独饮闷酒啊？"施大作家该是与苏东坡神交已久。

"兄台有所不知啊！"苏东坡示意三人落座，"我等仕途不顺，自求外放，申请调任离苏辙较近的地方为官，以求兄弟多多聚会。如今到了密州后，这一愿望仍无法实现。自从与胞弟苏辙分别之后，转眼已七年未得团聚了。你说，我能不想念我的亲人吗？"

施大作家点点头，接过苏东坡新倒的一杯酒。

"所以您只能借酒浇愁了？"万里路抬起了原本耷拉的脑袋。

"呵呵，那还能怎样？"苏大学士笑笑，"我常在想，明月不该对人们有什么怨恨吧，为何偏在人们离别时才圆呢？"

"嗯，好像她也妒忌世间美好的相聚呢！"万卷书轻声应和。

"咳，无情的月亮啊！"万里路不免黯然神伤。

"不过你们也别太伤心了。这世上本来就是有悲也有欢、有离也有合的，就像天上的月儿有隐也有现、有圆也有缺一样，哪里会十全十美呢？但愿美好的感情长留人们心间，虽然远隔千里，也能共同拥有这一轮明月！"苏东坡将杯中酒一饮而尽。

"我们也可以通过明月来传递对家人的祝福啊！"万卷书豁然开朗。

　　"对，爸爸妈妈此刻也一定在赏月，一定在祝福着我们呢！"万里路振作了起来。

　　"这也正是我想告诉你们的。人生在世，虽然有很多不圆满，但只要能用积极乐观的心态去面对，生命的内涵就会变得更加丰富。"苏东坡的话意味深长。

　　为了不打扰苏大学士太多的时间，施大作家带着万里路兄妹先行告辞。人虽然离开了，但一路上，关于苏大学士的一切，依然像磁石一般吸引着兄妹俩。

"您说他怎么能做到那么智慧呢？"万里路疑惑地看着施大作家。

"这当然跟人生的阅历有关。他经历过太多的起起落落，由此看待问题自然更加透彻。当然，这也与他豁达的性格有关。"

"其实，他的很多作品都体现出了这种达观精神。"万卷书对苏东坡早已有所了解。

"所言不差。《念奴娇·赤壁怀古》就是一个绝好的例子。你能吟诵吗？"施大作家说。

"大江东去，浪淘尽，千古风流人物。故垒西边，人道是，三国周郎赤壁。乱石穿空，惊涛拍岸，卷起千堆雪。江山如画，一时多少豪杰。遥想公谨当年，小乔初嫁了，雄姿英发。羽扇纶巾，谈笑间，樯橹灰飞烟灭。故国神游，多情应笑我，早生华发。人生如梦，一樽还酹江月。"万卷书很喜欢这个词。

"写得真好！"万里路听罢连声附和。

"那是当然。这首词可是豪放派的代表作，感情激荡，气势雄壮。全词借古抒怀，将写景、咏史、抒情融为一体，抒发作者积极入世但年已半百仍功业无成的感慨。"施大作家的话铿锵有力。

"苏东坡先生的每首词都是这么豪放吗？"万里路似懂非懂。

"那也未必。虽然是宋词豪放派的开创人，但苏大学士也写过一些细腻温情的词。有一首叫《江城子》，就给人细腻婉约之感。"

"没错，我觉得那首词真好，读得我眼泪都快流出来了。"万卷书骨子里头还是很敏感的。

"是啊，《江城子》表达了苏东坡对已故妻子的深深怀念。真情流露，充满哀伤……"

清谈还在继续。皎洁的月光，已然铺展出一片温柔的夜。

名家卡片

苏轼（1037年～1101年），字子瞻，号东坡居士，宋代重要的文学家，宋代文学最高成就的代表，有《东坡七集》《东坡易传》《东坡乐府》等传世。

25. 千古第一才女

——走近李清照

农历九月九日，是一年一度的重阳节。

这天傍晚，万里路三人途经一户人家，忽闻屋内隐隐传来啜泣声。透过窗棂往内看，一个面色憔悴的少妇正独自饮酒，显得落魄不堪。

"如此佳节，她怎么独自一人喝闷酒呢？"万里路十分纳闷。

"那是因为丈夫去了很远的地方，她太思念了，所以才会这般难受。"

施大作家话音未落，只听得屋内的啜泣声变成了阵阵吟唱。那声音里带着寂寞与凄凉，如泣如诉："薄雾浓云愁永昼，瑞脑消金兽。佳节又重阳，玉枕纱厨，半夜凉初透。东篱把酒黄昏后，有暗香盈袖。莫道不销魂，帘卷西风，人比黄花瘦。"

"人比黄花瘦，难道她是宋代女词人李清照？"万卷书瞪大了眼睛。

　　"是的。你看她的这首《醉花阴》，一边是萧瑟的秋风摇撼着羸弱的瘦菊，一边是思妇布满愁云的憔悴面容，情景交融，创设出了一种凄苦绝伦的境界。"施大作家说。

　　"离开了会这么难受，可以想见丈夫在家时一定十分疼爱她。"万里路推测道。

　　"的确，这是一对情投意合、才华横溢的才子佳人。他们原本过着志趣相投的惬意生活。"怕打扰了女词人，施大作家示意兄妹俩起身离开。

　　"就是因为丈夫的离开，才让她这般落寞。"飒飒秋风摇晃着帘子，万卷书的心头也掠过一丝悲凉。

　　"红藕香残玉簟秋。轻解罗裳，独上兰舟。云中谁寄锦书来？雁字回时，月满西楼。花自飘零水自流。一种相思，两处闲愁。此情无计可消除，才下眉头，却上心头。"身后，还能隐隐约约听到李清照在唱着这首《一剪梅》。

"多么可怜啊！其实她原来的生活并不是这样的。"施大作家叹了口气。

"那她的快乐生活是怎样的？"万里路问。

"读书品茗，饮酒郊游，一同研究金石，好不幸福！"

"《如梦令》好像就是她那时候写的。"万卷书回忆道。

"喜欢吗？"

"当然了！"

"那就背背吧！"

"常记溪亭日暮，沉醉不知归路，兴尽晚回舟，误入藕花深处。争渡，争渡，惊起一滩鸥鹭。"万卷书神采飞扬。

"你们好好琢磨一下，这首《如梦令》写得那么清秀淡雅，颇得自然之天趣。"施大作家赞不绝口。

"看来不同的生活状态，往往决定着作家不同的创作基调。生活是最好的老师。"万里路体会颇深。

"当然。她后期的作品，更是悲叹身世，情调感伤，撼人心魄。"施大作家对作家的生活起伏了如指掌。

"我知道她还写过《武陵春》，那种愁，简直包裹得人们无法抽身。"万卷书说。

"那时金兵入据中原，她的生活发生了翻天覆地的改变，丈夫病死，自己颠沛流离，行无定所，病体沉重，身心憔悴。"施大作家补充道。

"妹妹，你背来我听听！"万里路好生期待。

"风住尘香花已尽，日晚倦梳头。物是人非事事休，欲语泪先流。闻说双溪春尚好，也拟泛轻舟。只恐双溪舴艋舟，载不动许多愁。"

"连小船都载不动忧愁，可想而知她内心的悲苦。"万里路低声自语。

"同样是写愁，她的《声声慢》，更有一种让人伤心到绝望的感觉。"施大作家感慨道。

"我知道这首词。开头一句便是'寻寻觅觅，冷冷清清，凄凄惨惨戚戚'。一连十四个叠词，读来就有一种莫名其妙的愁绪，在心头和空气中弥漫开来，让人不免感伤。"万卷书向来喜欢宋词。

"末尾一句'这次第，怎一个愁字了得'也成了经典。读罢全词，凄凉、惨痛、悲戚之情一齐涌来，令人痛彻肺腑，难以忍受。这样的作品，是伟大的才女用肝肠寸断的生命苦痛换来的。"施大作家有感而发。

"所以才有人说，是苦难成就了伟大的作品。"万里路的领悟力果然不差。

"我不同意，有些作家没有经历过苦难，照样写出流传千古的伟大作品啊！如果二者只能选其一，我宁愿让自己在世时的生活过得美满，而不要身后的千古美名。"显然，这是万卷书说得最有个性的一句话了。

"我很高兴你们有这样深度的思考。只是，苦难从来就不会提前告之。人生的阅历，或深或浅，终将化成你思想的浪花——生命的美好正在于此。"

听罢施大作家的话，兄妹二人陷入了更深的思考。

名家卡片

李清照（1084年～1155年），号易安居士，宋代女词人，婉约词派代表，有"千古第一才女"之称，后人有《漱玉词》辑本。

26. 沈园怀旧

——走近陆游

浙江绍兴的沈园内，施大作家正在给万里路兄妹讲述南宋词人陆游的故事。

故事的主人公，一个是陆游，一个叫唐婉。两人青梅竹马，情意十分相投。眼看着这两个孩子渐已长大成人，两家人决定结为同好。陆家就以一只精美无比的家传凤钗作为信物，订下了唐家这门婚事。成年后，唐婉便成了陆家的媳妇。

要知道，这陆游与唐婉可是郎才女貌。二人都擅长诗词，他们常借诗词倾诉衷肠，花前月下，丽影成双，令人羡慕。

然而好景不长，新婚燕尔的陆游根本无暇顾及应试功课。这对于威严而专横的陆母而言，简直是无法容忍的事。她一心盼望儿子金榜题名、光耀门庭，目睹眼下的状况，大为不满。可是，该怎么办呢？

陆母请来了无量庵中的一个尼姑，要为儿子儿媳重新算算命运。这尼姑一番掐算后，煞有介事地说："唐婉与陆游八字不合，先是予以误导，终必性命难保。"陆母闻言，自然吓得魂飞魄散，急匆匆赶回家，叫来陆游，强令他道："速修一纸休书，将唐婉休弃，否则老身与之同尽。"

一边是自己深爱着的妻子，一边是养育自己的亲娘，此时的陆游真不知心中的天平应该往哪边倾斜，陷入了无限的苦痛之中。然而，在那崇尚孝道的中国古代社会，母命就是圣旨，为人子的不得不从。一对情意深切的鸳鸯，就这样被无由的孝道和虚玄的命运八字活活拆散。

此后，陆游考取功名，终有所成。某日，他回到家乡，不经意间漫步到沈园，却意外地碰到了自己的前妻唐婉。此时的唐婉早已由家人做主另嫁他人。

这次碰面，简直就是灾祸。暮春的不期而遇，似乎又将唐婉已经封闭的心重新打开，积蓄已久的旧日柔情、千般委屈仿佛一下子要奔泻出来。可是，此时的唐婉却断然转身离开。她知道，此时她能做的，也只有离开。

木讷的陆游，就这样静静站着。面对满园的红花绿柳，想起往事仿佛就在昨天，他含泪写下了一阕断肠之词："红酥手，黄縢酒，满城春色宫墙柳。东风恶，欢情薄，一怀愁绪，几年离索。错，错，错！春如旧，人空瘦，泪痕红浥鲛绡透。桃花落，闲池阁，山盟虽在，锦书难托。莫，莫，莫！"词的背后，我们仿佛看到了曾经才华横溢、不可一世的陆游，竟然这般的形容枯槁，痛不欲生。

　　唐婉是一个极重情义的女子，与陆游的爱情本是十分完美的结合，却毁于世俗的风雨中。当她看到陆游的词作之后，便再也忍不住内心的情感，触景而生情，一首《钗头凤》就是她的血泪之作。"世情薄，人情恶，雨送黄昏花易落。晓风干，泪痕残，欲笺心事，独语斜阑。难，难，难！人成各，今非昨，病魂常似秋千索。角声寒，夜阑珊，怕人寻问，咽泪装欢。瞒，瞒，瞒！"此后不久，愁怨而死。

　　"人生总有太多的不如意啊！"万卷书似乎还恍惚于故事之间。

　　"这么说，陆游和李清照一样，都十分擅长写儿女情长一类的作品？"万里路则做起了比较。

"不不不，刚才我所介绍的，只是一段小插曲而已。陆游是现留诗作最多的诗人，一生笔耕不辍，今存九千多首，内容丰富，风格多样。"施大作家说。

"我知道他是南宋著名诗人。"万卷书终于从故事中回过神来。

"噢，说说你知道的作品。"施大作家示意。

"我很喜欢他的《示儿》：死去原知万事空，但悲不见九州同。王师北定中原日，家祭无忘告乃翁。"万卷书答。

"《十一月四日风雨大作》也是一首经典的作品：僵卧孤村不自哀，尚思为国戍轮台。夜阑卧听风吹雨，铁马冰河入梦来。"施大作家的诵读果然精彩。

"我想起来了。他还写过《卜算子·咏梅》：驿外断桥边，寂寞开无主。已是黄昏独自愁，更著风和雨。无意苦争春，一任群芳妒。零落成泥碾作尘，只有香如故。"万里路发现新大陆似地兴奋起来。

三人的谈话声，使寂寞的沈园喧闹起来。

名家卡片

陆游（1125 年～1210 年），字务观，号放翁，南宋文学家、史学家、爱国诗人。陆游一生笔耕不辍，诗词文俱有很高成就，对后世影响深远。

27. 英雄之词

——走近辛弃疾

烽烟滚滚，烈火熊熊。

寻找名家名作途中，施大作家和万里路兄妹见证了一场惊心动魄的战争。

宋绍兴三十一年，金主完颜亮大举南侵，在其后方的汉族人民由于不堪金人严苛的压榨，奋起反抗。

在耿京领导的起义军中，有一个将领格外引人注目。他红颊青眼，目光有棱，身体壮健如牛，正率领五十多个骑兵直奔几万人的敌营。如此之大的兵力悬殊，简直是以卵击石。但为首的将领早已顾不得这些了，因为在耿京的起义军中出现了一个叛徒，叫张安国。此人受金人的重赏而谋杀了耿京，已投降了金人。如果不将他捉拿归来，难解心头之恨。

快到金营的时候，天已经黑了。将领命令骑兵们下了马，把马拴在树上，然后乘黑悄悄摸进了金营。

金营里灯火辉煌，张安国正在跟两个金将喝酒猜拳。他们看见勇士们拿着刀剑冲进来，吓得魂都没了。张安国赶紧钻到桌子底下，两个金将急忙举起椅子来抵挡。勇士们一拥而上，把两个金将连人带椅子砍翻了。为首的将领一个箭步上前，把张安国从桌子底下揪了出来。大伙儿一拥而上，把张安国绑得结结实实，拉出了营帐。

营帐外面站了好些金兵，看这些骑兵威风凛凛，谁也不敢上前。将领把叛徒绑在马后头，不慌不忙地跨上马，喝道："谁敢上来，就要他的狗命！告诉你们，我们的十万大军就要开到。想活命的就早点投降！"说完就带着勇士们冲了出去。等金国将领派兵来追的时候，他们早就跑没影儿了。

"哇，这位将领真是太勇猛了。他是谁啊？"万里路听得心潮澎湃。

"他就是辛弃疾，活捉叛徒张安国的时候，才二十三岁。"施大作家笑答。

"啊？辛弃疾不是著名的词人吗，怎么变成领兵打仗的将领了？"万里路一脸愕然。

"他可是个文武双全的奇才。仗打得漂亮，词写得更好！"施大作家难掩钦慕之意。

"噢，想起来了，就是写出那句'众里寻他千百度，蓦然回首，那人却在灯火阑珊处'的辛弃疾。"万卷书惊叫起来。

"还有那首《村居》，也是他的作品。茅檐低小，溪上青青草。醉里吴音相媚好，白发谁家翁媪？大儿锄豆溪东，中儿正织鸡笼。最喜小儿亡赖，溪头卧剥莲蓬。"万里路也饶有兴致地吟诵起来。

　　"怡然生活，田园情趣，辛弃疾的确写过很多这样的经典作品。然而，面对金人南侵，满怀保家卫国之情的他，自然而然地将更多的笔触给予了兵戎生活。"施大作家说。

　　"他的词中好像有一句'把吴钩看了，栏杆拍遍，无人会，登临意'，是吗？"万卷书隐约记得。

　　"此句正出自他写的《水龙吟·登建康赏心亭》。这首词是辛弃疾三十岁任建康通判时所作。当时的他做过几次小官，得不到朝廷重视，更谈不上抵抗外敌，报效朝廷。登楼远望，想起北方沦陷的土地，不禁激动万分，热泪滚滚，深感报效朝廷无门，于是写下了这首千古之作。"

"刚才妹妹说的这句是什么意思呢？"万里路的反应慢了半拍。

"意思是说，在此地看着这吴地产的宝刀，狠狠地把楼上的栏杆都拍遍了，也没有人领会自己现在登楼的心意。"施大作家解释道。

"他的心意是什么？"万里路追问。

"吴钩，是古代吴地制造的一种宝刀。此处作者以吴钩自喻，感叹空有一身才华，但是得不到重用。"施大作家说。

"听起来，辛弃疾的词也是非常豪放的。这一点，和苏轼的很像。"万卷书似乎有了新发现。

"这个发现了不起。他们都是豪放派的词人。但是，还是有差别的。"施大作家点拨道。

"什么差别？"万里路问。

"苏轼常以旷达的胸襟与超越的时空观来体验人生，表现出哲理式的感悟，并以这种参透人生的感悟，使情感从冲动归于深沉的平静。而辛弃疾总是以炽热的感情和崇高的理想来拥抱人生，更多地表现出英雄的豪情与英雄的悲愤。"施大作家的讲解颇有深度。

"是不是可以这么说，苏轼的词自如畅达多一些，而辛弃疾的沉雄悲愤多一些。"万卷书对宋词可是有些研究的。

"哈哈，这是你的一己之见。要想有更深的了解，我建议你们找出他俩的作品，好好地研究一番"

施大作家的这个提议，成了兄妹俩深入解读宋词的开始。

名家卡片

辛弃疾（1140 年 ~ 1207 年），字幼安，号稼轩，南宋豪放派词人，其词作充满强烈的爱国主义思想和战斗精神，有词集《稼轩长短句》存世。

29. 曲家圣人
——走近关汉卿

一路风尘仆仆。这天，施大作家准备带万里路兄妹看一场戏曲，以缓解旅途疲劳。

时间是晚上八点。太阳虽然早已经下落，但暑气并没有收敛。没有风，公园里那些屹立着的古树是静静的。树叶子也是静静的。露天的剧场也是静静的。

剧场里并不是没有人。相反的，人挤得非常满。每个角落里都是人，连过道的石阶上都坐着人。大家都屏住呼吸，等待着好戏开场。

舞台上的幕布分开了，音乐奏起来了，演员们踩着音乐的拍子，以庄重而有节奏的步伐走到脚灯前面来了。

"无缘无故犯了王法，没想到要遭受刑罚。地呀，你不分好坏凭什么做地！天呀，你错判善恶白白地做天！"一个神情落魄的女犯人仰天发问。

"少废话，快些走，别误了时辰！"刽子手催促道。

"只被这枷锁扭得我左摇右晃，人们挤得我前扑后倒。我有冤屈要诉啊！"女犯人苦苦哀求。

"你有什么话快说！"刽子手厉声喝道。

"从前街里去法场，我死后心中必怀怨恨；从后街里去，我死后心中无冤。请你们不要推辞路远。"女犯人恳求着。

"你死罪已定，现在快到法场了。不过有什么亲属需要见面的，可以让他过来，与你见一面也好。"刽子手的语气变柔和了些。

"可怜我孤身一人没有亲戚家眷，只落得我忍气吞声，空叹息哀怨。"女犯人低头抽泣。

"难道你连爹娘也没有？"刽子手一脸愕然。

"只有个爹爹，十三年前到京城应考去了，到现在音信全无。"女犯人说罢，早已泪流满面。

"你刚才要我从后街里走，是什么意思？"刽子手疑惑不解。

"怕只怕在前街里被我婆婆看见。"

"你连性命都顾不上了，怎么还怕她看见？"刽子手冷笑了声。

"我婆婆如果看见我披着枷锁去法场挨刀子，就会将她白白地气死呀！"女犯人回答。

正说着，传来一个老婆婆的喊叫声："天哪，这不是我的儿媳妇吗？"

"老婆子靠后！"刽子手说道。

"既然是我婆婆来了，叫她过来，让我跟她说几句话。"女犯人哀求道。

　　"那老婆子到跟前来，你儿媳妇要嘱咐你话。"刽子手勉强同意了。

　　"孩子，心痛死我了！"老婆婆跟跟跄跄地走上前去。

　　"婆婆，那张驴儿把毒药放在羊肚儿汤里，其实是想毒死你，要霸占我做他的妻子。没想到婆婆让给他父亲吃了，反倒把他父亲毒死了。我害怕连累婆婆受罪，在公堂屈招了毒死张公公，今天到法场受死刑。婆婆，这以后逢着冬至、过年，初一、十五，有倒不了的浆水饭，倒半碗给我吃，有烧不了的纸钱，给我烧上一叠，只当……只当是看在你死去的儿子的面上。"说到这儿，女犯人早已泣不成声。

　　"孩子放心，这些我都记得。天哪，这真的心痛死我了！"老婆婆已是泪雨滂沱。

"那老婆子退后些，处决的时间到了。"刽子手喊道。

"我窦娥求监斩官大人，有一事如果能依从我，死后便无怨恨。"女犯人扑通一声跪在地上。

"你有什么事情，快说！"监斩官催促道。

"要一张干净的席子，让我窦娥站在上面。还要一丈二尺的白绸布，挂在旗杆头上。如果我窦娥确实冤枉，刀过后头落地，一腔热血没有半点儿沾在地上，都飞溅到白绸布上。"

"这个就依从你，有什么要紧？"监斩官随即派人去办。

"大人，我还有话说。现在是三伏天气，如果我窦娥确实冤枉，死了之后，天降三尺深的大雪，遮盖我窦娥的尸骨。"

"这样的三伏天气，你即使有冲天的怨气，也召不来一片雪，可不要胡说！"这回，监斩官说什么也不信。

"大人，我窦娥死得确实冤枉，从今以后，让这楚州地区大旱三年。"

"打嘴巴！哪有这样说话的？"监斩官有些愤怒了。

手起刀落，女犯人扑通倒地。奇怪的是，这个窦娥的血都飞溅到那丈二尺的白绸上，并没有半点落到地上。与此同时，天降大雪。

"这个死罪一定有冤情。前面两桩事都应验了，不知道大旱三年的事情准不准，等着看以后怎样。公差们，不必等到雪停天晴，现在就给我抬着她的尸体，还给那蔡婆婆去。"监斩官的表情十分复杂……

戏演完了，兄妹俩却还久久地沉浸其中。

这部戏的名字叫《窦娥冤》，作者是被誉为"元曲四大家"之首的关汉卿。

名家卡片

关汉卿（1219年～1301年），元代杂剧奠基人，我国历史上最伟大的戏剧家之一，"元曲四大家"之首，被誉为"曲圣"。

29. 笔底喧嚣

——走近罗贯中

　　"东汉末年分三国，烽火连天不休。儿女情长，被乱世左右，谁来煮酒？尔虞我诈是三国，说不清对与错。纷纷扰扰，千百年以后，一切又从头……"从山东东平罗贯中纪念馆出来，万里路哼起了林俊杰的歌曲《曹操》。

　　"怎么样，此行对《三国演义》了解不少吧！"施大作家找了把长椅坐了下来。

　　"那当然了，三国文化我已了如指掌。"万里路相当自信。

　　"要不，你和万卷书比试比试，看谁对三国更了解？"施大作家提议。

　　"比就比，谁怕谁？"万卷书一脸倔强。

　　"听好了，"施大作家清了清嗓子，"第一关：说来自三国的成语。开始！"

　　"如鱼得水。"

　　"初出茅庐。"

"鞠躬尽瘁。"

"乐不思蜀。"

"得陇望蜀。"

"如嚼鸡肋。"

…………

"停——"看兄妹俩你一个我一个，丝毫没停下来的意思，施大作家当机立断，"进入第二关：三国歇后语大比拼。"

"诸葛亮弹琴——计上心来。"万卷书一马当先。

"曹操遇蒋干——倒了大霉。"万里路紧随其后。

"关羽走麦城——大难临头。"万卷书再出一句。

"周瑜讨荆州——费力不讨好。"万里路不甘示弱。

"刘备的江山——哭出来的。"万卷书脱口而出。

"鲁肃宴请关云长——暗藏杀机。"万里路哪肯服输。

"停停停——"施大作家见兄妹俩准备说个没完没了，赶紧打断，"看来，这三国歇后语对你们来说，是这张飞吃豆芽——小菜一碟啊！"

"来点儿难的吧！"万里路拍拍胸脯。

"好吧，进入第三关：知识抢答。"施大作家加大了嗓门儿。

"请出题！"万卷书跃跃欲试。

"诸葛亮初出茅庐第一次'运筹帷幄之中，决胜千里之外'的是什么战役？"

"火烧博望坡。"万里路抢到首题。

"关羽在离开曹操时唯一带走的曹操的赠物是什么？"

"赤兔马。"万卷书语速极快。

"身长八尺，豹头环眼，燕颔虎须，声若巨雷，势如奔马——这些语句描写的是谁？"

"张飞。"万里路轻松应答。

"刘备身边的五虎上将都是谁？"

"关羽、马超、黄忠、张飞、赵云。"万卷书掐着手指算。

"关羽过五关斩六将，斩的是哪六将？"施大作家显然提高了难度。

"孔秀、韩福、孟坦、王植、卞喜以及秦琪。"万里路对答如流。

"王允利用貂蝉除掉董卓的过程中用了哪些计策？"

"美人计，还有……"

"还有连环计和反间计。"万卷书托着下巴在思考，一旁的万里路已高声报出了答案。

"好，这一关万里路略占优势。进入第四关：三国大事我知道。谁能简单说说'诸葛亮三气周瑜'的故事啊？"施大作家问。

"第一次，周瑜费兵费粮攻下的城池被诸葛亮用计取得。第二次，周瑜用计想让刘备'乐不思蜀'，谁料到头来'赔了夫人又折兵'。第三次，周瑜向刘备讨还荆州不利，又率兵攻打失败，气得箭疮多次迸裂。"万卷书的概括能力一向甚好。

"赵子龙单骑救主，又是怎么回事？"

"刘备的人马走到当阳县，被曹兵截住，战到天明才摆脱曹兵的追赶。赵云发现刘备不见了，糜夫人母子走散了，赶忙集合三十骑，又杀回乱军中寻找。他含泪推倒土墙埋了夫人，抱起阿斗往外冲。曹将杀来，战三回合，赵云威武勇猛，力战众将，终于将阿斗交给了刘备。"万里路讲得手舞足蹈，口沫四溅。

"势均力敌，不分伯仲。进入第五关：诗词吟诵。请背出与三国相关的诗词名篇。"

"功盖三分国，名成八阵图。江流石不转，遗恨失吞吴。"万里路想起了杜甫的《八阵图》。

"你这机灵鬼，专挑简单的来！"施大作家嗔骂道。

"我就背一首《临江仙》吧。滚滚长江东逝水，浪花淘尽英雄。是非成败转头空，青山依旧在，几度夕阳红。白发渔樵江渚上，惯看秋月春风。一壶浊酒喜相逢，古今多少事，都付笑谈中。"万卷书将这首词背得慷慨激昂。

虽已日薄西山，但比赛还在继续。接下来施大作家还会出哪些赛题？兄妹俩到底谁会更胜一筹呢？

名家卡片

罗贯中（约 1330 年 ~ 1400 年），名本，字贯中，元末明初小说家，主要作品有小说《三国志通俗演义》（又称《三国演义》）《隋唐志传》《残唐五代史演传》等。

30. 爬树观虎

——走近施耐庵

崇山峻岭，古树参天。

这天，万里路三人一大早就踏上了寻找名家名作之路，正路过一片森林。

林中阴森森的，偶尔传来阵阵野兽的吼叫声，令人毛骨悚然。万卷书读的书多，想象力也丰富，想起小说中那"千尺大蟒，万丈长蛇。大蟒喷愁雾，长蛇吐怪风"的句子来，不由打了个寒战。

"噔噔——"前方不知什么东西从树上落了下来，惊得兄妹俩慌忙后退几步。

定睛一眼，我的妈呀——以为是什么野兽出没，原来是一个头发蓬乱的中年男子，正从大树上跳下来呢！

"你……你是干什么的？为什么会躲在树上？"万里路壮着胆子问。

"孩子莫害怕，我这是在观察老虎。这次终于成功了！"中

年男子疲惫的脸上掠过一丝兴奋。

"那您观察到了吗？"万里路悬着的心总算放下了。

"当然啦。午夜时分，借着月色，我看见一只梅花鹿快速从远处跑来。紧接着，一声雷鸣般的虎啸，从林中蹦出一只斑斓猛虎。接下来，我眼前就上演了一场饿虎扑食和惊鹿逃生的搏斗场面。"中年男子一扫倦态。

"哇，好惊险啊！"万里路不由倒吸了一口冷气。

"这么危险，您为什么还要观察？"见对方一点恶意都没有，胆小的万卷书也上前问了一句。

"我正在创作一部小说，其中有几处要写到老虎。连老虎都没见过，怎么能写好呢？所以，我就冒险前来此地了。我得赶紧把观察到的融入作品中才是。"说罢，中年男子就在大石块上摊开了纸。

见中年男子奋笔疾书的样子，一旁的施大作家提醒万里路兄妹不要随意打扰。二人点点头，坐在不远处啃起干粮来。

"这个人是谁呀，怎么神神秘秘的？"万里路轻声问。

"他呀，正是大作家施耐庵。"施大作家竖起了大拇指。

"噢，难怪对写作这么痴迷！"万卷书点点头。

"为了写虎，他经常到猎户家中去，找有打虎经验的猎户交朋友，和他们亲切交谈。猎户们见他谦虚诚恳，就把猎取的野兽及兽皮、兽骨给他看。施耐庵经常边看边问，从中了解到许多关于老虎的习性、动作、神态，当然还包括猎户和老虎搏斗的详细情况。"施大作家压低了嗓子说。

"哇，好用心啊！"万里路都有些不敢相信了。

"这还不够，所谓'眼见为实，耳听为虚'，这不，今个儿我们就亲眼瞧见了他爬树观虎的情形。人家拿笔写作，他这是拿命在写作啊！"施大作家心里满是佩服。

三人在闲聊中，等待着大作"新鲜出炉"。

"好嘞！"大约过了二十分钟，大作家施耐庵将笔一搁，伸了个懒腰。

"看来是创作完毕，我们过去拜读拜读！"施大作家提议。

白纸黑字，龙飞凤舞，上书武松打虎的一个片段。

武松见了，叫声："啊呀！"便从青石上翻身下来，把哨棒拿在手里，闪在青石旁边。那只大虫又饥又渴，把两只前爪在地下按了一按，往上一扑，从半空里蹿下来。武松吃那一惊，酒都变作冷汗出了。说时迟，那时快，武松见大虫扑来，一闪，闪在大虫背后。大虫背后看人最难，就把前爪搭在地下，把腰胯一掀。武松一闪，又闪在一边。大虫见掀他不着，吼一声，就像半天里起了个霹雳，震得那山冈也动了，接着把铁棒似的虎尾倒竖起来一剪。武松一闪，又闪在一边。

"哇，果然精彩！"万里路眼前一亮。

"您在创作什么作品啊，为什么这么讲究？"万卷书被他精益求精的创作态度折服了。

"我正在写《水浒传》呢！"施耐庵笑笑。

"这本书的主要内容有哪些，能透露一下吗？"万卷书眨了眨水灵灵的大眼睛。

"我打算用一百二十回来写这本书。第一回至第四十回讲述各个好汉的故事，他们既有独立性又有关联性；第四十一回至第八十回讲述好汉们在梁山集合，形成了以宋江为寨主的梁山山寨，并发动一系列对官僚恶霸及附近城池的战争，直到接受北宋朝廷的招安；第八十一回至第一百二十回讲述梁山好汉归顺朝廷后，镇压田虎、王庆、方腊等的战争，到最后鸟尽弓藏，悲壮死亡的故事。"施耐庵眼中透着坚定。

"您想通过这本书告诉人们什么呢？"万卷书还想了解更多。

"这个嘛，就由读者自己领悟吧！"说罢，施耐庵便没了踪影。

名家卡片

施耐庵（1296年～1370年），原籍苏州，十三岁入私塾，十九岁中秀才，二十九岁中举，三十五岁中进士。三十五岁至四十岁之间官钱塘二载。代表作品有《水浒传》。

31. "奇葩"续写

——走近吴承恩

江苏连云港云台山境内的花果山，景点众多。惟妙惟肖的猴石、八戒石、沙僧石、唐僧崖，以及七十二洞、定海神针、仙砚、拐杖柏、晒经石，无不吸引着万里路兄妹俩。当然，最让他们印象深刻的莫过于神奇的水帘洞。

"既然来此参观，就得做些与《西游记》有关的事吧！"施大作家笑着说。

"噢，有何安排？"万里路甚是期待。

"你俩动笔给《西游记》来个续写，看看谁的水平高。如何？"

反正是神魔小说，想象空间大着呢！兄妹俩一致同意。说写就写，二人找了个阴凉处，奋笔疾书。

不到半个时辰，万里路的《唐僧师徒参加"运动会"》炮制完成。

这日，唐僧师徒四人来到了一个王国——体育国。

走进大门，几个卫兵正乐呵呵地踢足球呢！悟空脚痒了，一个空翻抢过球，来了个"S"射门。这时，一个卫兵气喘吁吁地跑了过来，问清他们的来头后，领着他们来到了皇宫门口，要他们和皇宫竞技队比赛。悟空一听急了，嚷道："又来了，上回在车迟国刚比的砍头，这次我不干了！"

"圣僧，这回我们比赛400米、游泳、举重和赛马。"那个皮包骨头的皇帝赔着笑脸解释道。

师徒四人看那国王倒也真诚，略作商量，便答应了。

比赛开始了。第一场，400米比赛。悟空和一个骨瘦如柴的小伙子站上了起跑线。一声枪响，悟空召唤筋斗云，一眨眼的工夫已经跑了大半的路程，而那小伙子才刚刚跑了四分之一就累得摔了一跤，趴在地上起不来了。悟空还没准备发力，400米的路程轻松搞定。

第二场，游泳比赛。由当年操练十万水兵的猪八戒应战。八戒潜入水中，双臂用力摆动，漩涡把他托了起来。八戒凌波微步，不到30秒钟的时间就游遍了全国所有的水道，以绝对优势赢得了比赛。

第三场，由沙僧对"肌肉猛男"。沙僧轻而易举地举起了300公斤的杠铃，谁让他是挑担的老手。"肌肉猛男"使出吃奶的力气，可杠铃连地面都没有离开过。他羞愧得跑到一边号啕大哭。

终于，唐僧登场了，他要参加赛马比赛。他摆了摆手，骑着白龙马来到了起跑线。对手是一个矮个子，骑了一匹赤兔宝马。各就各位，比赛开始！双方都铆足了劲儿往前冲。起先，他们不分上下。白龙马是个急性子，见不能速战速决，便双腿一蹬，撒开四蹄，腾空而起，以迅雷不及掩耳之势冲过了终点线，赢得了比赛。

国王惊叹不已，欢送师徒四人离开了体育国。

再看这边，万卷书的《修行并没有结束》也顺利收笔。

唐僧师徒四人历经九九八十一难，终于取回真经，修成正果。回到长安以后，皇帝给他们接风洗尘，论功行赏。没想到庆功宴会上却发生了争执，因为他们都想争得头功。

孙悟空急得脸比屁股还红，从耳朵眼里掏出金箍棒，晃一晃长三丈，往地下一戳："俺只问一句，一路降妖捉怪，数谁功劳大？"一副舍我其谁的架势。

猪八戒急忙嚼了几口，吞下嘴里的美味，小声嘟囔道："俺老猪冒险探路，没有功劳还没有苦劳吗？再说，你们谁没有吃过我化的斋饭？办事不能不讲良心！"

沙和尚向来不爱多言，他走到中间，默默地脱下上衣，展示肩头上厚厚的老茧——事实胜于雄辩。

三个人不约而同地将目光投向了唐僧："师傅，你总得说句公道话啊！"

唐僧闭着眼，似乎根本没听见刚才众人的吵闹，只是不停地捻动手里的念珠，过了好久才慢慢说道："徒儿们都不要争了，取经成功都是为师我领导有方啊！"

孙悟空一听，气得从座位上一蹦三丈高，把头上的吊灯碰得直晃。

猪八戒一听，把刚吃到嘴里的美味又吐到地上："我呸！有一只苍蝇……"

沙和尚一听，脸色铁青，把上衣慢慢穿上，坐在那里一言不发。

大厅上一时变得鸦雀无声，四个人你看看我，我看看你，都成了乌眼鸡。只有拴在门前的白龙马不停地打着响鼻，用蹄子使劲刨着地面。宴会仿佛变成了追悼会。

皇帝独自喝干了一杯酒，又独自满上，然后哈哈大笑。随即摇身一变显出原形，却原来是如来佛祖化身。

"刚才只不过是对你们的一次考验，算是第八十二难。你们面对困难的时候能够同仇敌忾，一往无前，为什么面对这一点小小的荣誉就争成这样？看来修行并没有结束，你们还需努力啊！"说罢，腾空而去。

师徒四人顿时呆在那里，个个羞愧难当。

"你俩就以这种方式走近大师吴承恩啊？你们是写爽了，不知他老人家看了会做何感想？"施大作家阅罢，哭笑不得。

名家卡片

吴承恩（约1500年~1582年），字汝忠，号射阳山人，淮安府山阳县（今江苏省淮安市淮安区）人，明代杰出的小说家，四大名著之一《西游记》的作者。

32. 都云作者痴，谁解其中味

——走近曹雪芹

　　怡红院、潇湘馆、滴翠亭、西街门、栊翠庵……北京市西城区的大观园，是一座再现中国古典文学名著《红楼梦》中"大观园"景观的文化名园。

　　流连其中，万里路兄妹被这里的景色深深陶醉了。

　　"说说你们印象最深的《红楼梦》人物吧！"施大作家示意兄妹俩坐在椅子上休息。

　　"当然是贾宝玉喽！"万里路脱口而出。

　　"噢，说来听听。"施大作家满脸期待。

　　"我觉得贾宝玉是一个桀骜不驯的人。他鄙视功名利禄，不愿走'学而优则仕'的仕途；他痛恨'八股'，辱骂读书做官的人是'国贼禄蠹'，懒于与他们接触拜会；他不喜欢所谓的'正经书'，却偏爱于'杂书'，钟情于《牡丹亭》《西厢记》。"近段时间，万里路十分认真地阅读着《红楼梦》。

　　"对，他可谓古代社会的叛逆者。与林黛玉的相爱，可以说是他生命中最大最重要的叛逆行为。"施大作家回应道。

"还有一点给我印象很深，就是贾宝玉特别喜欢和女孩子在一起，有点好色。呵呵！"万里路显得有些不好意思。

"不准胡说！贾宝玉那不叫好色，人家的生活环境就是那样嘛！"万卷书义愤填膺。

"哈哈，其实与性格有关。"施大作家补起了台，"贾宝玉钟爱和怜悯女孩子，钟爱她们的美丽、纯洁、洋溢的生气、过人的才智，怜悯她们的不幸遭遇，怜悯她们嫁与浊臭的男子，失去了圣洁之美。"

"对对对，我想起了他的一句经典的话——女子出嫁前为珍珠，嫁人后便失去光芒成了死珠，再老便与污浊男子同流，成为死鱼眼了。"万卷书接话道。

"你印象最深的人物是谁？"施大作家把目光抛向了万卷书。

"当然是林黛玉喽！"

"说说看。"

"首先，她很美。初见黛玉，作者并未直接着墨她的美，而是巧借凤姐的嘴及宝玉的眼来突出林黛玉的绝世美丽。心直口快的凤姐一见黛玉即惊叹：'天下真有这样标致人物！我今儿才算见了！'而在宝玉的眼中：'两弯似蹙非蹙罥烟眉，一双似泣非泣含露目，态生两靥之愁，娇袭一身之病，泪光点点，娇喘微微，闲静时如姣花照水，行动处似弱柳扶风，心较比干多一窍，病如西子胜三分。'好一个'神仙似的妹妹'！"说起林黛玉，万卷书似有千言万语。

"这是她的外表之美，善良则是她的内在之美。"施大作家由表及里。

"嗯！"万卷书点头称是，"这一点从她与宝钗相处的文字里边就可以看出来。尽管两人在平日里为情所累，有些摩擦。但后来她待宝钗'竟更比他人好十倍'，还把宝钗让她'每日吃上等燕窝一两以滋阴补气'当作是宝钗对她的体贴。另外，也可以从她教香菱作诗以及她的葬花之举等方面看出来。"

"这么美的一个女孩，只是有些多愁善感，以至于听到了宝钗和宝玉成亲的消息，又急又气，泪尽而亡。因此，她的生命也笼罩上了一层'凄美'的色彩。"施大作家起身，轻轻抚摸着潇湘馆外的翠竹。

"有个问题我一直想不明白。曹雪芹写《红楼梦》，到底想表达什么，难道就是叙述那些儿女情长吗？"万里路十分困惑。

"当然不是！"施大作家拍拍万里路的肩膀，"《红楼梦》为我们展示了一幅封建社会末期的全景图画，预示了封建社会不可挽回的衰败命运。全书也通过以贾宝玉为代表的封建叛逆者与封建势力的斗争，猛烈地抨击了封建道德的虚伪和腐朽，热情歌颂了新生的、不可抗拒的叛逆精神，表现了作者的民主和进步思想。"

"有人认为，《红楼梦》就是作者曹雪芹的自传。您认同这种观点吗？"万卷书问。

　　"曹雪芹的《红楼梦》，以自己家族的败落为创作素材，带有一定的回忆性质。但它毕竟属于小说，不能把《红楼梦》作为曹雪芹的自传看待。"施大作家循循善诱。

　　"这部书真的好深奥啊！"万里路听罢连连感叹。

　　"满纸荒唐言，一把辛酸泪。都云作者痴，谁解其中味？有多少人，穷其一生都无法参透其中的奥秘。"施大作家言毕，起身离开了大观园。

名家卡片

　　曹雪芹（约 1715 年～1763 年），名沾，字梦阮，号雪芹，又号芹溪、芹圃。他以坚韧不拔的毅力，历经多年艰辛，终于创作出极具思想性、艺术性的伟大作品《红楼梦》。

33. 中国的脊梁

——走近鲁迅

1936 年 10 月 19 日，随着人流，万里路兄妹跟在施大作家身后，前往上海万国殡仪馆的礼堂，送别一个伟大的人物——鲁迅。

花圈如海，泪水如雨。

一面白绸的绣着"民族魂"的旗子，覆盖在先生的灵柩上。数不清的挽联挂满了墙壁，大大小小的花圈堆满了整间屋子。送挽联送花圈的有工人，有学生，各色各样的人都有。

"为什么鲁迅先生会得到那么多人的爱戴？"离开殡仪馆的时候，万里路轻声地问。

"中国自古以来，就有埋头苦干的人，就有拼命硬干的人，就有为民请命的人，就有舍身求法的人。他们是中国的脊梁。鲁迅先生，就是这样的脊梁！"施大作家平复了一下情绪。

"他并不是战士，却以笔为枪，奋勇杀敌。"万卷书内心似有万千波澜。

"这一切，都源于他当年的一个选择。"施大作家说。

"选择？"万里路两眼紧盯着施大作家。

"当年，鲁迅抱着医学救国的热情东渡日本留学。当他从电影中看到中国人被日寇砍头示众，周围却挤满了看到同胞被害而麻木不仁的人群的情景后，内心受到极大的震动，他觉得'凡是愚弱的国民，即使体格如何健全，如何茁壮，也只能做毫无意义的示众材料和看客，病死多少也不必以为不幸的'。于是，毅然弃医从文，立志用手中的笔来唤醒沉睡的中国民众的灵魂。"

"我读他写的《狂人日记》，被深深震撼了。鲁迅先生以其长期对半封建半殖民地旧中国的深刻观察，发出了振聋发聩的呐喊：封建主义吃人！"万里路说。

"他是要暴露家族制度和礼教的弊害。"施大作家提点道。

"我印象最深的是小说《祝福》中的祥林嫂。她是旧中国农村中勤劳、善良、质朴、顽强的劳动妇女的典型。她屡遭不幸，走投无路，最后在'年年如此，家家如此，今年也如此'的地主阶级欢天喜地的'祝福'声中悲惨地死去。"万里路的眼中尽是悲哀。

"的确，鲁迅先生正是要通过文学的形式，为旧的社会制度送别。"施大作家说。

"先生的作品总有着深刻的思想内涵。"万卷书深有感触。

"我个人偏爱先生的《故乡》。"施大作家思忖了一会儿，"这部作品，通过中年闰土和少年闰土的对比以及对杨二嫂等人的刻画，反映了半封建半殖民地中国农村的衰败，农民在封建政权压迫剥削、愚弄、毒害下痛苦的生活和麻木的精神状态。读来让人心酸啊！"

"还有他的很多名言，都能给人以启迪。"万里路说。

"说说你们喜欢的吧！"施大作家提议。

"其实世上本没有路，走的人多了，也便成了路。"万里路立刻说。

"哪里有天才，我是把别人喝咖啡的工夫都用在工作上了。"这句话可是万卷书的座右铭。

"知道我喜欢先生说的哪句话吗？"施大作家问。

"不知道。"兄妹俩异口同声。

"横眉冷对千夫指，俯首甘为孺子牛！"施大作家神情庄重地说。

"真让人悲伤，一个文学巨匠就这样离我们而去了！"万里路怅然而叹。

"我觉得把先生单单看作中国文艺界的珍宝是不够的。我们固然珍惜他在文学上的成就，我们也和别的许多人一样，以为他的作品可以列入世界不朽的名作之林，但是我们更重视：在民族解放运动中，他是一个伟大的战士；在人类解放运动中，他是一个勇敢的先驱。鲁迅先生的人格比他的作品更伟大。"施大作家显得有些激动。

回望万国殡仪馆，依旧人潮涌动。

若干年后，诗人臧克家为纪念鲁迅先生写了一首诗，题为
《有的人》：

　　有的人活着，

　　他已经死了；

　　有的人死了，

　　他还活着。

　　有的人，

　　骑在人民头上："呵，我多伟大！"

　　有的人，

　　俯下身子给人民当牛马。

　　有的人，

　　把名字刻入石头，想"不朽"；

　　有的人，

　　情愿作野草，等着地下的火烧。

　　有的人，

　　他活着别人就不能活；

　　有的人，

　　他活着为了多数人更好地活。

　　骑在人民头上的，

　　人民把他摔垮；

　　给人民作牛马的，

人民永远记住他！

把名字刻入石头的，

名字比尸首烂得更早；

只要春风吹到的地方，

到处是青青的野草。

他活着别人就不能活的人，

他的下场可以看到；

他活着为了多数人更好地活的人，

群众把他抬举得很高，很高。

名家卡片

鲁迅（1881 年～1936 年），原名周樟寿，后改名周树人，字豫山，后改豫才，著名的文学家、思想家、教育家，中国现代文学的奠基人，代表作品有《呐喊》《彷徨》《朝花夕拾》等。

34. 了无风处浪头高

——走近郭沫若

炎热夏日，最迷人的景色莫过于夜晚的星空了。它是那么绚丽多彩，那么美丽动人，那么神秘莫测。

"在你们的眼中，星空像什么呢？"施大作家随口一句。

"我觉得星空像一座美丽的城堡，居住着闪闪精灵小星星。"万卷书躺在草地上，展开了遐想。

"星空就是一座游乐园，许多小星星在那里自由地玩耍。"一旁的万里路兴奋地说。

"这是你们的想象，想知道大作家郭沫若眼中的星空吗？"施大作家侧过身来。

"想！"兄妹俩满是期待。

"他写过一首诗，题目叫《天上的街市》。"说罢，施大作家用那极富磁性的嗓音轻吟起来。

远远的街灯明了，

好像闪着无数的明星。

天上的明星现了，

好像点着无数的街灯。

我想那缥缈的空中，

定然有美丽的街市。

街市上陈列的一些物品，

定然是世上没有的珍奇。

你看，那浅浅的天河，

定然是不甚宽广。

那隔着河的牛郎织女，

定能够骑着牛儿来往。

我想他们此刻，

定然在天街闲游。

不信，请看那朵流星，

是他们提着灯笼在走。

"真的好有想象力啊，竟然把星空比作美丽的街市！"万里路听罢，颇为喜欢。

"他还写过一首叫《天狗》的诗，开头便是：我是一条天狗呀！我把月来吞了，我把日来吞了，我把一切的星球来吞了，我把全宇宙来吞了。"

听罢施大作家的话，万卷书突然想起五年级时读过的一本诗集，惊呼道："我知道，我知道！这首诗还有几句是这样的：我飞跑，我飞跑，我飞跑，我剥我的皮，我食我的肉，我吸我的血，我啮我的心肝，我在我神经上飞跑，我在我脊髓上飞跑，我在我脑筋上飞跑。我便是我呀！我的我要爆了！"

"哇，这样的诗，真是爽爆了！"万里路听得血脉贲张。

"郭沫若不仅在诗歌方面颇有建树，历史剧的创作也取得了很高的成就。"施大作家说。

"也像他的诗歌这样，富有想象力和激情吗？"万里路表示疑惑。

"有过之而无不及也！"施大作家笑笑。

"啊？说来听听。"这可吊足了万里路的胃口。

"就拿他的历史剧代表作《屈原》来说，其中一段是这样的：炸裂呀，我的身体！炸裂呀，宇宙！让那赤条条的火滚动起来，像这风一样，像那海一样，滚动起来，把一切的有形，一切的污秽，烧毁了吧！烧毁了吧！把这包含着一切罪恶的黑暗烧毁了吧！"施大作家激情澎湃。

"这是第五幕《雷电颂》中的一段吧！"万卷书见过同学的表演。

"对，这是全剧的高潮部分。昏庸专横的楚怀王不听屈原的一再忠告，粗暴地撕毁楚齐盟约，转而依附秦国，走上妥协投降的道路，屈原也遭到囚禁。面对正在沉入黑暗的祖国，失去自由的诗人满腔忧愤，无比猛烈的情绪就此迸发。"施大作家补充介绍。

"这么经典的台词，如果作者自己来演绎，肯定特别过瘾。"万里路有些向往起来。

"还真有过。在《屈原》这部剧上演之前，郭沫若曾纵情朗诵过一次《雷电颂》。演员金山借哥哥的私人住宅请大家晚饭。几瓶酒上来后，郭沫若自告奋勇给大家出个余兴节目——朗诵《雷电颂》。他席地而坐，靠在金山的床边，开始徐缓地朗诵。随着诗句的展开，他越来越激动，到了'啊！电，你这宇宙中最犀利的剑呀！劈吧！劈吧！把这比铁还坚固的黑暗，劈开，劈开'这一段时，郭沫若一个箭步跳到了床上，在床上床下跳来跳去，兴奋异常。结果把人家的白床单踩得一塌糊涂……"施大作家笑得前俯后仰。

"听说有一次演出的时候，场内的演员在慷慨激昂地抒情独白，场外刚好雷电交加，那种感觉，太震撼人心了！"万卷书说。

"是啊，这部剧寄托着抗战时期郭沫若先生太多的苦闷与忧愤，他要将这一切淋漓尽致地展现出来。当年，此剧在重庆上演，产生过巨大的影响。尤其是《雷电颂》一幕中的独白，激起无数爱国者的共鸣。每次演出都被观众爆发出的雷鸣般的掌声所淹没……"

听罢施大作家的话，兄妹俩的内心久久无法平静。

名家卡片

郭沫若（1892年～1978年），现代文学家、历史学家、新诗奠基人之一，其主要作品有《郭沫若全集》《甲骨文字研究》《中国史稿》等。

35. 从子夜到黎明

——走近茅盾

嘉宾云集，盛况空前。

这天，三人正在电视机前观看第八届茅盾文学奖颁奖典礼回放。张炜的《你在高原》，刘醒龙的《天行者》，莫言的《蛙》，毕飞宇的《推拿》，刘震云的《一句顶一万句》榜上有名。

看着看着，万里路不由心潮澎湃："茅盾文学奖可真有分量啊！"

"那还用说，这个奖每四年才评选一次，是中国具有最高荣誉的文学奖项之一，参评作品需为长篇小说。"施大作家津津乐道。

"听说茅盾文学奖的奖金已从 5 万元提升到 50 万元，您什么时候能拿这个大奖啊？"万卷书冷不丁冒出一句。

"我也想啊！可……可是，水平不够呀！"施大作家倒也诚恳。

"为什么要叫'茅盾文学奖'呢？"万里路可不明白。

"茅盾文学奖，是著名作家茅盾先生将自己的 25 万元稿费捐献出来设立的，对鼓励优秀长篇小说创作，推动中国社会主义文学的繁荣起到了重要的作用。"施大作家说。

　　"我觉得这个名字挺奇怪的，容易让人想到成语——自相矛盾。"万里路嘀咕。

　　"说起这名字，还真有个来头。"施大作家徐徐道来，"大革命失败后，茅盾为了逃脱黑暗势力的追寻，不得不隐去真名——沈雁冰。面对残酷而矛盾的现实，他并不胆寒，在构思《幻灭》时，茅盾将讽刺和嘲笑交织在一起，亮出了'矛盾'署名。叶圣陶先生窥透他的心思，因百家姓找不出矛姓，于是巧妙地添了个草头。茅盾对这一改动也很满意，以后就一直以此为笔名了。"

　　"噢，原来是这么一回事啊！"万里路点点头。

　　"您刚才说到茅盾先生构思《幻灭》，这到底是一部怎样的作品呢？"万卷书觉得这名字听起来有点意思。

　　"1927 年 8 月，从牯岭到上海后，茅盾立即将自己参加革命的经过写成小说《幻灭》。这可是他的第一篇小说。"施大作家喝了口茶。

　　"作品主要讲什么呢？"万卷书问。

　　"一个抱着美好幻想，参加革命的小资产阶级女性静女士的悲剧。每一次希望，到最后都成了失望，这就是幻灭。"

　　"她经历了几次幻灭？"

"一共三次。第一次，当她决定用恋爱来打发无聊的生活时，却很快发现自己所热恋的爱人抱素，竟是一个卑鄙军阀探子和已有妻室的骗子，她陷入了幻灭。"

"第二次呢？"

"革命高潮不断高涨时，她迎来了新的希望，奔向革命的中心汉口。但在生活中遇到困难时，她总是失望与逃避。这是她的第二次幻灭。"

"第三次呢？"

"这一次，她又一次陷入爱情，找到了一个真正爱她的男人。那时的中国人陷于水深火热的生活之中，她却幻想着能和他独自过好，这一幻想也只能是幻灭。《幻灭》是一部经典的写实作品，深刻而有丰富的思想内涵。"施大作家侃侃而谈。

"我看了电视上的介绍，他的另一部作品好像更出名。"万里路听了半天，算是想起了一些。

"你是说长篇小说《子夜》吧！"施大作家笑笑。

"对对对，这部作品主要讲什么呢？"万里路憨憨地笑道。

"《子夜》以 30 年代初期的上海为背景，以民族资本家吴荪甫同金融买办资本家赵伯韬相抗衡，而终告失败为情节主线，艺术地再现了当时中国社会的真实面貌和主要矛盾。"施大作家一口气说完。

"好深奥啊，听不懂！"万里路挠挠后脑。

"呵呵，以你们现在的年龄，要解读这些作品的确很难。不

过，开始接触总是好的，为以后的深入阅读做好充分准备嘛！"
施大作家语重心长。

"我觉得'子夜'这个名字好奇怪！"万卷书试图发现什么。

"的确，'子夜'这个名字有着深刻的寓意。'子夜'即半夜，既然是半夜，离黎明就不远了。作者运用象征手法，反映出旧中国社会的黑暗，也表达了对中国人民即将冲破黑暗走向黎明的坚定信心……"

窗外，夜色正浓。不久之后，便是黎明。

名家卡片

茅盾（1896 年～1981 年），原名沈德鸿，笔名茅盾、郎损等，字雁冰，浙江省嘉兴市桐乡市人。代表作有小说《子夜》《春蚕》和文学评论《夜读偶记》等。

36. 人民艺术家

——走近老舍

"请你们猜个谜语。破旧的房子，打一作家名。"老北京的胡同里，施大作家边走边问。

"这……这……"万里路憋了半天，也没个头绪。

"我知道了，是老舍。"万卷书给出了答案。

"嘿嘿，原来奥秘全在这个多音字上！妹妹还真聪明。"万里路恍然大悟。

"这个名字熟悉吗？"施大作家问。

"当然啦，我们的课本中有好多他写的文章呢！"万里路回答。

"说几篇听听。"

"《草原》这一课给我留下的印象最深。那一碧千里的草原风光，那马上迎客、把酒联欢、依依话别的动人情景，那纯朴、热情好客的蒙古族同胞，都令人难以忘怀。"

"这篇散文是作者第一次访问内蒙古大草原时的所见、所闻、所感，并通过这些所见、所闻、所感，赞美了草原的美丽风光和民族之间的团结。的确是一篇美文！"

"我喜欢他的《养花》。通过写自己的养花实践，切身体会到养花的乐趣：有喜有忧，有笑有泪，有花有果，有香有色。既须劳动，又长见识。因为是用第一人称写的，像对老朋友叙谈家常，读起来亲切自然。"万卷书说。

"老舍先生写的《猫》也很有味道。通过对猫的古怪性格和满月小猫特点的描写，抒发了对猫的喜爱之情。"万里路一下子变得伶牙俐齿。

"这篇文章有你印象深刻的语句吗？"施大作家示意兄妹俩坐下来休息片刻。

"小猫会在作者写作的时候，跳上桌，在稿纸上踩印几朵小梅花——像这个句子就很精彩。"万里路回答。

"相比之下，我更喜欢那篇《母鸡》。通过对母鸡看法变化的叙述，赞美了伟大的母爱。文章直白自然，散发着浓郁的生活气息。"万卷书兴奋地说着。

"哈哈，看来你们对大作家老舍的作品一点都不陌生。不过也难怪，据我了解，他好像是作品入选教科书数量最多的作家。"施大作家不知从哪里得到的这个信息。

"是啊，我们还读过他写的《北京的春节》《济南的冬天》《林海》《我的母亲》等不少文章呢。"万卷书说。

"这些一般是供小学生阅读的。等你们上了中学、大学，就会接触到老舍先生更多、更有深度的作品了。"施大作家说。

"噢，不妨先听为快！"万卷书兴趣十足。

"长篇小说《四世同堂》是他的代表作之一。"

"主要写什么呢？"万卷书托着下巴问。

"小说在卢沟桥事变爆发、北平沦陷的时代背景下，以祁家四世同堂的生活为主线，形象、真切地描绘了以小羊圈胡同住户为代表的各个阶层、各色人等的荣辱浮沉、生死存亡。"

"这是主要内容，作者想通过这些表达什么深刻的思想呢？"万卷书刨根问底。

"这是一部正面描写抗日战争，揭露控诉日本军国主义的残暴罪行，讴歌弘扬中国人民伟大爱国精神的不朽之作。"

"我从书上知道，他好像还写过很著名的《茶馆》。那又是一部什么样的作品？"万里路探过头来。

"《茶馆》是中国话剧史上的经典。故事全部发生在一个茶馆里。茶馆里人来人往，会聚了各色人物、三教九流，一个大茶馆就是一个小社会。老舍抓住了这个场景的特点，通过时间和空间的高度浓缩，展现了清末戊戌维新失败后、民国初年北洋军阀割据时期、国民党政权覆灭前夕三个时代的生活场景，揭示了半封建半殖民地中国的历史命运。"施大作家对作品了如指掌。

"我知道里头有一句经典的台词：我们是公差，误会是常有的事儿，可没有做过错事儿，谁要是恨我们那就是恨大清，谁要敢骂我们，甭管明着骂暗着骂，那就是骂大清。"万卷书摆出一副演戏样儿。

"正是里头吴祥子的话！"施大作家说。

"想起来了！"万里路一拍大腿，"还有一句台词非常雷人——现在山上哪还有土匪啊，都下山，进城了。这话我班上的刘洪辉常挂嘴边呢！"

"他应该算得上你们班的'奇葩'了吧！"施大作家接过话茬，惹得兄妹俩开怀大笑。

名家卡片

老舍（1899年~1966年），原名舒庆春，中国现代小说家、著名作家，杰出的语言大师、人民艺术家，代表作有《骆驼祥子》《四世同堂》《茶馆》等。

37. 用心灵写作

——走近巴金

"起初周围是静寂的。后来忽然起了一声鸟叫，我们把手一拍，便看见一只大鸟飞了起来。接着又看见第二只，第三只。我们继续拍掌，树上就变得热闹了，到处都是鸟声，到处都是鸟影。大的，小的，花的，黑的，有的站在树枝上叫，有的飞起来，有的在扑翅膀……"

因为喜欢巴金先生的《鸟的天堂》，这天，三人慕名来到广东新会县。

天门河的河心沙洲上，有一棵500多年历史的奇特大榕树。这棵树的树枝垂到地上，扎入土中，成为新的树干。这样，随着时间的推移，这棵大榕树竟独木成林。

"是蛮奇特的，可也没文章中写得那么好啊！"看着起起落落的鸟儿，万里路语气中略带着失望。

"看景不如听景嘛！"万卷书安慰道。

"哈哈，还有一个可能：巴金先生的文章太优美了，影响了你

的判断。让你陶醉的是文字，不是实景啊！"施大作家调侃起来。

"也许是作者的写作水平太高了吧，呵呵！"万里路傻笑道。

"你算是说大实话了，巴金先生的文笔的确一流。读过他的《海上日出》吗？"施大作家问。

"当然喽！"万卷书赶忙对答，"我还会背其中精彩的片段呢！"

"噢，洗耳恭听。"

"果然，过了一会儿，那里出现了太阳的小半边脸，红是红得很，却没有亮光。太阳像负着什么重担似的，慢慢儿，一纵一纵地，使劲儿向上升，到了最后，它终于冲破了云霞，完全跳出了海面，颜色真红得可爱。一刹那间，那深红的圆东西发出夺目的亮光，射得人眼睛发痛。它旁边的云也突然有了光彩。"

"的确很棒。不过啊，真正能体现先生创作实力的，是他的长篇小说。"施大作家说。

"是他的代表作《家》吗？"万卷书可读了不少书。

"对。这部作品写的是'五四'之后，成都地区一个封建大家庭走向崩溃的故事。揭露了封建专制制度的罪恶，也描写了新思潮所唤醒的一代青年的觉醒和反抗。"

"听说他的《寒夜》也很不错！"万卷书又说。

"那当然！《寒夜》代表了巴金在小说创作上的最高艺术成就，尤其是在心理描写上达到很高的境界。值得一看！"

"巴金先生有那么多经典的作品，他的人生一定没什么遗憾了吧！"万里路眨巴着眼睛。

"非也，巴金先生的自我要求非常高，他对于作品的质量，已经到了苛求的境地。比如，他就认为《砂丁》和《雪》都是失败之作。"

"这是为何？"万里路追问。

"这两篇小说，写于 20 世纪 30 年代初，以矿工生活为题材。巴金先生认为，他虽然在长兴煤矿住过一个星期，但是对矿工的生活，了解的还只是皮毛，编造的成分很大，所以对作品并不满意。"

"原来如此！"

"还有在读者中广为流传的'爱情三部曲'，他也说是不成功之作。"施大作家补充道。

"他好像说过，自己的作品，有百分之五十是废品。"万卷书隐约记得在哪里看过。

"这是一个伟大的作家极负责的创作态度啊！"施大作家感

寻找名家名作（阅读积累篇·上）

164

慨道。

"也正因为如此，他才得到那么多人的欣赏与敬佩。"万里路的内心顿时充满了敬意。

"贾平凹就曾评价他，巴老是我国当代文学巨匠，他的道德和文章，都是当代作家的一面旗帜。"施大作家说。

"好像连大文豪鲁迅都对他赞不绝口呢！"万里路忽然忆起。

"评价很高。鲁迅先生说，巴金是一个有热情的、有进步思想的作家，为屈指可数的好作家之一。"

"他在写文章，更在做人方面给世人做出了榜样。我记得他在《一封乡书》中写道：人活着不是为了白吃干饭，我们活着就是要给我们生活其中的社会添上一点光彩。这个我们办得到，因为我们每个人都有更多的爱，更多的同情，更多的经历，更多的时间，比维持我们生存所需要的多得多。只有为别人花费它们，我们的生命才会开花。一心为自己，一生为自己的人什么也得不到。"酷爱读书，让万卷书几乎有了过目不忘的本事。

用心灵写作，才得以永恒。这或许就是文学创作道路上的一条真理。

名家卡片

巴金（1904 年～2005 年），原名李尧棠，著名作家、翻译家、社会活动家。因其作品内容朴实、感情真挚，被誉为"二十世纪中国文学的良心"，代表作品有《家》《寒夜》等。

39. 星斗其文，赤子其人
——走近沈从文

云南师大校园正大门东侧墙上镶嵌的金色大字——中国历史名校国立西南联合大学旧址，引发了万里路的好奇。

"国立西南联合大学到底是什么大学？"

"是抗战时期设在云南昆明的一所大学，由当时的国立北京大学、国立清华大学及私立南开大学共同组成，简称西南联大。"施大作家耐心解答。

"噢，那这所大学一定很牛！"万里路竖起了大拇指。

"那当然，梁思成、华罗庚、朱自清、钱钟书、林徽因、沈从文等许多名家，当时都是这所学校的教师。"

"听说沈从文才小学学历，怎么当上了大学教授？"万卷书疑惑不解。

"这其中还有段故事呢！"施大作家心平气和，"当年，西南联大要提升沈从文为教授时，刘文典先生就持不同意见。他一直看不起搞新文学创作的人。一次，在西南联大的教务会议上，他提出质疑：'陈寅恪才是真正的教授，他该拿400块钱，我该拿40块钱，朱自清该拿4块钱，可我不会给沈从文4毛钱。沈从文要是教授，那我是什么？'"

"哇，好犀利啊！"万里路惊叹。

"你们认可沈从文先生吗？谈谈对他的印象。"施大作家说。

"当然认可！"万卷书没半点犹豫，"他的《边城》写得太美了！"

"能具体讲讲吗？"

"这是一个哀婉而凄美的爱情故事。在湘西风光秀丽、人情质朴的边远小城，生活着靠摆渡为生的祖孙二人。外公年逾七十，仍很健壮；孙女翠翠十五岁，情窦初开。他们热情助人，纯朴善良。"万卷书一一道来。

万里路被妹妹的讲述所吸引，催促道："接下来呢？"

"端午节赛龙舟的盛会上，翠翠邂逅了当地船总的二少爷傩送，从此种下情苗。与此同时，傩送的哥哥天保也喜欢上了美丽清纯的翠翠，托人向翠翠的外公求亲。而地方上的王团总看上了傩送，情愿以碾坊作陪嫁把女儿嫁给傩送。傩送不要碾坊，想娶翠翠为妻，宁愿做个摆渡人。于是兄弟俩相约唱歌求婚，让翠翠选择。天保知道翠翠喜欢傩送，为了成全弟弟，外出闯滩，遇意外而死。傩送觉得自己对哥哥的死负有责任，抛下翠翠出走他乡。外公为翠翠的婚事操心担忧，在风雨之夜去世了……"万卷书的神情变得忧郁起来。

"那……那后来翠翠怎么样了？"万里路太想知道故事的结局了。

"后来呀，翠翠就孤独地守着渡船，痴心地等着傩送归来。"

"傩送回来了吗？"

"正如书上写的——这个人也许永远不回来了，也许明天回来！"万卷书早已沉浸其中。

"哇，太耐人寻味了！"万里路连声称叹。

"的确，《边城》是沈从文的代表作，以兼具抒情诗和小品文的优美笔触，描绘了湘西边地特有的风土人情。借船家少女翠翠的爱情悲剧，凸显出了人性的善良美好与心灵的澄澈纯净。"施大作家说。

"除此之外，沈从文先生还有哪些主要作品呢？"万里路兴致越来越浓。

"《长河》。"施大作家答，"如果说《边城》是运用浪漫主义创作方法，对我们民族的'伟大处'进行热烈讴歌，那么《长河》则是运用现实主义创作方法，不仅是写我们民族的'伟大处'，而主要是写我们民族的'堕落处'，以冷静的眼光批判'常'的历史与'变'的现实，显示出清醒的现实主义的品格。"

"作者是想批判的到底是什么？"万里路问。

"国民党反动派的黑暗统治。"

"噢，那文风可能变得很尖锐。"万卷书插上一句。

"不不不，与《边城》相一致，《长河》依然以激情淋漓的笔触，写吕家坪的人性美与风俗美，尤其对橘林秋色、农家摘果、行人摆渡、船拢码头等乡土风俗风情，写得绚丽多彩，诗意盎然，颇具乡土气息……"

耳畔响着施大作家的话，兄妹俩的心却早已飞到了美丽的湘西。

名家卡片

沈从文（1902年～1988年），中国著名作家、历史文物研究家，原名沈岳焕，笔名休芸芸、甲辰等，湖南凤凰县人，代表作品有《边城》《中国丝绸图案》《唐宋铜镜》等。

39. 中国的莎士比亚

——走近曹禺

第一次读到《雷雨》剧本，万里路兄妹就被深深震撼了。他们梦想着能有机会拜见曹禺先生。

春和景明，杨花飞舞。三人来到北京，找到了曹先生的家。门扉叩开，开门的是一位头发花白的阿婆。说明来意后，阿婆遗憾地说："啊哟，曹先生最近身体不舒服，住到北京医院养病了。"

施大作家赶忙问："曹禺先生的病要紧吗？我可以到医院去看看他吗？"阿婆听了，想了一会儿说："我是曹老先生家里的保姆，现在要到医院给老先生送小菜去。我将你们的要求告诉他。你们明天早上八点半到北京医院大门口等着。运道好，就可以见到曹先生了。"

没等三人表达谢意，阿婆就急急下楼，乘车走了。

次日早晨，尽管三人对能否见到曹禺先生心中没底，但还是按照阿婆的吩咐，提早一刻钟就等在了北京医院大门口。

"今朝老先生精神老好。他欢迎你们进去聊聊。不过为了他的健康，请尽量抓紧时间。"八点半还差两分钟时，阿婆笑吟吟地说。

曹禺先生坐在病房宽大的沙发上，阳光透过玻璃窗子照在他的头顶上，稀疏、灰白的头发在阳光下显得干枯而脆弱，而他的神色却是那样沉静安详。

"曹先生，能见到您真是太高兴了！"万卷书抑制不住内心的激动。

"我也很高兴能和你们聊聊，年轻人是国家的未来啊！"曹先生笑着说。

"您的一系列杰出剧作，在中国话剧史上留下了不可磨灭的

光辉。"特殊场合，万里路说话也变得严肃起来。

"噢，说说你们的看法。"曹先生目光中满是慈爱。

"我最喜欢您的《雷雨》。它勾画出一个资产阶级家庭里面错综复杂的人物关系，暴露出其内在的阴暗与丑恶，用始终郁积的一场雷雨来象征这一切行将崩溃。构思太巧妙了！"万里路来前可算做足了功课。

"据说这部作品好像还是曹先生大学未毕业时创作的，真是太有才华了。"一旁的施大作家说。

"我从小就对戏剧感兴趣，不过是在那个时间点，将以前积蓄的热情爆发出来而已。一切都是源于热爱啊！"曹先生说。

"我读过您的《日出》，感觉心里很沉重。堕落的交际花陈白露过着纸醉金迷的生活，最终服安眠药自杀，真让人唏嘘不已。"万卷书谈了自己的感受。

"在创作这部作品时，我主要通过'片段的方法'来截取社会生活横断面，用堆沙成山的方法，来表现生活细节与整体的关系。它在我眼中，就像一幅色点点成的光彩明亮的后期印象派图画。"曹先生谈起了创作体会。

"我感觉《原野》和《北京人》也十分经典。"施大作家发表见解，"《原野》通过对原始蒙昧的血亲复仇观念的描写，展现了中国底层农民对于黑暗压迫的反抗。而《北京人》中，那生活化的语言，随处充溢的哀伤意绪，使得作品富有浓郁的哲理性情怀，成为一首旧生活的哀歌。"

"没想到你们会这么喜欢戏剧，这让我很欣慰。"曹先生点点头，"让我遗憾的是，我后期的一些作品，比如《明朗的天》《胆剑篇》和《王昭君》，虽然首演都是由北京人艺完成的，当时演出的效果都还可以，但似乎无法超越原来的作品了。"

"听说您还把黄永玉先生对您的批评信装裱好挂到墙上了？"施大作家问。

"是啊，我诚心接受他的意见。世间真正的情义大抵如此，彼此信任，充满真诚。"曹先生若有所思。

怕影响曹禺先生休息，三人起身告辞。曹先生缓步送到病房门口，跟他们一一握手道别，还说："谢谢你们来看我，未来的希望在你们身上……"待三人挥手两次，曹老才进病房。

"他是真正的剧作家，一个勇于自我否定和超越的大师。他无愧于'中国的莎士比亚'的称号！"

施大作家的话，牢牢定格在兄妹二人的心底。

名家卡片

曹禺（1910 年～1996 年），原名万家宝，中国现代话剧史上成就最高的剧作家，其作品《雷雨》《日出》《原野》的出现标志着中国现代话剧艺术的成熟，被人称为"中国的莎士比亚"。

40. 讲故事的人
——走近莫言

北京时间 12 月 8 日凌晨零点 30 分，2012 年诺贝尔文学奖得主莫言身着中山装，在瑞典学院发表领奖演讲。莫言的演讲主题是"讲故事的人"。在约 40 分钟的演讲中，莫言追忆了自己的母亲，回顾了文学创作之路，并与听众分享了三个意味深长的故事。

回看这段影像，万里路兄妹被莫言的演讲深深地打动着。

"对于一个作家而言，会讲故事的确是很重要的能力。"施大作家说，"莫言的成就，很大一部分就是从听故事、讲故事开始的。"

"他小时候就看故事书吗？"斜靠在椅子上的万卷书问。

"他小时家穷，书并不多。那时候，他的故事大部分是听来的。"施大作家答道。

"听来的？"万里路疑惑了。

"对，听来的。"施大作家说，"据莫言回忆，小时候，有一段时间，集市上来了一个说书人。他偷偷地跑去听书，忘记了母亲分配给他的活儿。为此，母亲批评了他。晚上，当母亲就着一盏小油灯为家人赶制棉衣时，他忍不住把白天从说书人那里听来的故事复述给母亲听。起初母亲有些不耐烦，因为在母亲心目中说书人都是油嘴滑舌、不务正业的人，从他们嘴里冒不出好话来。"

"那后来呢？"万卷书追问。

"后来莫言复述的故事渐渐地吸引了她。以后每逢集日母亲便不再给他分配活儿，默许他去集上听书。为了报答母亲的恩情，也为了向她炫耀自己的记忆力，莫言会把白天听到的故事，绘声绘色地讲给母亲听。"

"所以他讲故事的能力越来越强，对吗？"万里路问。

"是的，"施大作家说，"但很快，莫言就不满足复述说书人讲的故事了，他在复述的过程中不断地添油加醋，还会投母亲所好，编造一些情节，有时候甚至改变故事的结局。此时的听众也不仅仅是母亲，连他的姐姐、他的婶婶、他的奶奶都成了听众。"

"哦，难怪他的作品想象力那么丰富！"万卷书已有所悟。

"不过自己的故事总是有限的，"施大作家喝了口茶说，"讲完了自己的故事，就必须讲他人的故事。于是，他的亲人们的故事，同村人的故事，以及从老人们口中听到过的祖先们的故事，就像听到集合令的士兵一样，从他的记忆深处涌出来。爷爷、奶奶、父亲、母亲、哥哥、姐姐、姑姑、叔叔、妻子、女儿，都在他的作品里出现过，还有很多他们高密东北乡的乡亲，也都在他的小说里露过面。"

"我也要开始写故事，长大了拿诺贝尔文学奖！"万里路听后心潮澎湃。

"有志向，真好！"施大作家亲切地说，"写故事就是作文的基本功。练好这个基本功，以后进行复杂的叙事，也就有了基础。德国大作家歌德曾经说过，一个人只要能把一件事说得很清楚，他也就能把许多事都说清楚了。"

"那部获得诺贝尔文学奖的作品《蛙》到底讲了一个什么故事呢？"万卷书给施大作家续上了茶水。

"这部小说，由剧作家蝌蚪写给日本作家杉谷义人的四封长

信和一部话剧构成。讲述从事妇产科工作50多年的乡村女医生的人生经历，成功塑造了一个生动鲜明、感人至深的农村妇科医生形象。"

"噢，也许要认真看过才能真正懂得吧！"万卷书似懂非懂地点点头。

"小说太长，我更关心莫言演讲时，那三个故事背后的寓意。"万里路心里藏着个疑问。

"就拿第一个来说吧。讲的是他小时候举报过一个同学，理由是这个同学参观苦难展览时一点都不悲伤。结果那个同学被老师警告处分了。"施大作家简单回顾了这个故事，"莫言说这个故事的真正目的，应该是想告诉人们：每个人都有自己的思想和情感，我们要以宽容的态度，允许别人保持自己对世界的看法。"

"那另外两个故事又有什么深刻的寓意呢？"万里路穷追不舍。

"这个嘛，得你自己去琢磨！哈哈……"

名家卡片

莫言（1955年~），原名管谟业，祖籍山东高密，是第一个获得诺贝尔文学奖的中国籍作家。他的代表作品有《蛙》《红高粱》《檀香刑》《生死疲劳》等。

附：教育部推荐中小学生课外阅读书目

　　《义务教育语文课程标准》要求学生九年课外阅读总量达到400万字以上，阅读材料包括适合学生阅读的各类图书和报刊。以下书目适合小学、初中、高中阶段的孩子阅读，特此推荐。

　　1.《安徒生童话》安徒生

　　2.《格林童话》格林兄弟

　　3.《宝葫芦的秘密》张天翼

　　4.《稻草人》叶圣陶

　　5.《伊索寓言》伊 索

　　6.《艾青诗选》艾 青

　　7.《革命烈士诗抄》萧三编辑

　　8.《红岩》杨益言 罗广斌

　　9.《简·爱》夏洛蒂·勃朗特

　　10.《奇异的旅行》儒勒·凡尔纳

　　11.《西游记》吴承恩

　　12.《水浒传》施耐庵

13. 《朝花夕拾》鲁 迅

14. 《骆驼祥子》老 舍

15. 《繁星·春水》冰 心

16. 《鲁滨孙漂流记》笛 福

17. 《格列佛游记》斯威夫特

18. 《名人传》罗曼·罗兰

19. 《童年》高尔基

20. 《钢铁是怎样炼成的》奥斯特洛夫斯基

21. 《论语》孔子及其弟子

22. 《三国演义》罗贯中

23. 《红楼梦》曹雪芹

24. 《呐喊》鲁 迅

25. 《女神》郭沫若

26. 《子夜》茅 盾

27. 《家》巴 金

28. 《雷雨》曹 禺

29. 《围城》钱钟书

30. 《谈美书简》朱光潜

31. 《哈姆雷特》莎士比亚

32. 《堂·吉诃德》塞万提斯

33. 《歌德谈话录》艾克曼

34. 《巴黎圣母院》雨 果

寻找大语文系列

阅读积累篇

寻找名家名作

下

陈智文 著

人民邮电出版社

北京

图书在版编目（CIP）数据

寻找名家名作：下．阅读积累篇 / 陈智文著． -- 2
版． -- 北京：人民邮电出版社，2020.2
（寻找大语文系列）
ISBN 978-7-115-52948-0

Ⅰ．①寻… Ⅱ．①陈… Ⅲ．①阅读课－小学－课外读
物 Ⅳ．①G624.233

中国版本图书馆CIP数据核字(2019)第278827号

内 容 提 要

　　《寻找名家名作（阅读积累篇）》以万里路和万卷书兄妹俩寻找名家名作的奇妙历程为主要线索，将丰富的小学语文阅读知识及技巧融入其中，通过一个个鲜活有趣的故事，带领孩子体会语文学习的乐趣，分享成长的收获。

◆ 著　　　　陈智文
　责任编辑　　朱伊哲
　责任印制　　周昇亮

◆ 人民邮电出版社出版发行　　北京市丰台区成寿寺路 11 号
　邮编　100164　电子邮件　315@ptpress.com.cn
　网址　http://www.ptpress.com.cn
　三河市中晟雅豪印务有限公司印刷

◆ 开本：700×1000　1/16
　印张：25　　　　　　　　　2020 年 2 月第 2 版
　字数：149 千字　　　　　　2020 年 2 月河北第 1 次印刷

定价：79.60 元（全书共 2 册）

读者服务热线：**(010)81055296**　印装质量热线：**(010)81055316**
反盗版热线：**(010)81055315**
广告经营许可证：京东工商广登字 20170147 号

谨以本书献给所有喜欢阅读
和即将喜欢阅读的孩子

目录

人物表

万里路，万卷书的哥哥，小学三年级。淘气调皮，机灵活泼，"两耳只闻窗外事"。

万卷书，万里路的妹妹，小学三年级。乖巧听话，手不释卷，"一心只读圣贤书"。

施大作家，大学者，四十岁。和蔼幽默，自信乐观。通晓古今，学贯中西；上知天文，下知地理。此生有"三好"：读书、游历、喝酒。

再 出 发

安福镇住着一户姓万的人家，男主人名叫万事通。不惑之年，与妻子生下了一对龙凤胎，举家欢喜。万家父母一心希望儿女见多识广、饱读诗书，便给儿子取名万里路，给女儿取名万卷书。

世事往往就是这般巧合，正如父母所取的名字一样，兄妹俩性格爱好各不相同。儿子万里路淘气调皮，机灵活泼，"两耳只闻窗外事"；女儿万卷书乖巧听话，手不释卷，"一心只读圣贤书"。

自从与施大作家一同前往"语文王国"求得秘籍之后，万里路和万卷书"功力大增"，语文能力不断加强。但是，仅仅学习了语文基础知识显然还不够。万事通知道，一个人阅读能力的强弱，与其儿童时代所受到的阅读训练密切相关。

如何才能帮助兄妹俩掌握、提升阅读理解能力呢？

这一回，在万事通的鼓励下，兄妹俩决定向更高的目标挑战——品读中外名家名作。

中国文学史，作者多如繁星，作品浩如烟海；外国文学史，作者高人辈出，作品不胜枚举。让我们和万里路和万卷书一起再次出发，跟随施大作家，去感受名家的魅力、名作的魅力、文化的魅力！

1. 边走边唱的盲诗人

——走近荷马

"这次寻找外国名家名作的旅程，您打算先带我们认识哪一位大师啊？"踏上行程，万里路就充满了期待。

"猜猜看。"施大作家故作神秘。

"这……这实在猜不出。您还是给点儿提示吧。"万里路想了半天也没个头绪。

"他所处的时代，比孔子、老子还要早三四百年呢。"

"噢，那就是公元前 9 世纪前后。离现在有 2900 多年啊！"万里路掐指一算。

"正是。他的名字叫荷马。"施大作家也不卖关子了。

"我的天，河马？"万里路瞪大了眼睛。

"哈哈，你以为是动物园里的河马呀，是荷花的'荷'。荷马可是大诗人，被称为西方文学的始祖。"

"嘿嘿！"万里路憨笑了两声，才免去尴尬。

"我们今天要去荷马的故乡吗？"万卷书把头转向施大作家。

"是的，我们要到荷马的出生地——土耳其伊兹米尔遗址看看。"

"轰轰——"耳畔传来飞机的轰鸣，万里路的脑子里也产生了更多的疑问：荷马长什么样？为什么被人们称为"西方文学的始祖"？他有什么重要的作品？是否还有什么传奇的故事？

"想什么呢，这么入神？"施大作家拍了拍万里路的肩膀。

"我在想，荷马一定写了什么重要的作品吧！不然，怎么会名垂青史。"万里路说。

"荷马是古希腊的一位盲诗人，他最重要的作品就是《荷马史诗》。《荷马史诗》其实是《伊利亚特》和《奥德赛》这两部叙事长诗的合称。它真实反映了公元前 11 世纪到公元前 9 世纪的希腊社会情况和生活习俗。"施大作家答疑解惑。

"那相当于咱们中国商周时期的事吧！"一旁看书的万卷书抬起了头。

"西周时期，也许更准确些。"施大作家说，"你们知道这两部作品吗？"

"我知道奥德修斯设木马计攻克特洛伊城的事儿。"万卷书回答。

"两部作品，咱们分开说。《伊利亚特》描写的是特洛伊战争。主要叙述特洛伊战争最后一年的故事，着重塑造了希腊英雄阿喀琉斯的伟大形象。希腊人远征特洛伊城，特洛伊人严阵以待，双方打了数个回合。希腊联军的主将阿喀琉斯英勇善战，屡建奇功，令特洛伊人闻风丧胆。"

"那《奥德赛》呢？"万里路被施大作家的讲述深深吸引。

《奥德赛》的主人公就是那个献木马计的希腊英雄奥德修斯。全诗讲述特洛伊战争以后，奥德修斯在海上漂流 10 年，经历种种艰险，终于回到祖国的故事。"

"您不是说荷马是一位盲人吗，怎么会写出这样的史诗巨作？"万里路惊讶不已。

"问得好，这也是很多人的疑问。"施大作家说，"荷马是盲人，并且不识字。《荷马史诗》是他根据民间流传的短歌综合而成，后人再加以整理罢了。"

"天啊，一位盲诗人！那人们到底是怎么知道他的诗歌的呢？"万卷书被震惊了。

"因为一场瘟疫，少年时期的荷马便双目失明。坚强的荷马没有向命运低头，热情而快乐地面对生活。他拜一位会弹竖琴的行吟诗人为师。此人为荷马弹唱古代英雄的故事，表演技艺炉火纯青。荷马被他优美的琴声和悲壮的故事感动得流下了眼泪，并最终学到了弹唱的本领。"施大作家娓娓道来。

"史诗巨作就这样从他嘴里'蹦'出来的吧！"万里路兴奋地说。

"是啊。为了吟唱诗歌和收集古老的故事，17岁时荷马就离家远行。从此，他风餐露宿，足迹踏遍了整个希腊大地。他的一生，都在漂泊。在人迹罕见的郊野荒漠，在热闹繁华的大道小巷，荷马背着七弦琴，为生活所累的人们吟唱着古代英雄的动人传说……"

"生命早已和诗歌融在一起了，难怪人们会给予他的作品高度的评价。"万卷书不住感叹。

"正是。德国哲学家黑格尔曾说，在荷马的作品里，每一个英雄都是许多性格特征充满生气的总和，荷马借不同的情景，把这种多方面的性格展示出来了。"施大作家说。

两人点点头。

"《荷马史诗》流传了下来，我们今天欣赏它的时候，可否想到，在很久以前曾有一位白发苍苍的老人，斜背着七弦琴，在希腊的大街小巷吟唱。也许，我们对荷马的了解不多，但他留下的史诗，相信每一个真正热爱文学的人都不应该感到陌生。"

施大作家的话说完了，一位边走边唱的伟大盲诗人的形象定格在兄妹俩心中，愈显高大。

名家卡片

荷马（约公元前9世纪~公元前8世纪），相传为古希腊诗人。被称为"西方文学的始祖"，西方古代文艺技巧高度发展的集大成者。

2. 小故事，大道理

——走近伊索

　　面色黝黑，头发蓬乱，不远处这个又矮又丑的人，的确没给万里路兄妹俩留下太好的印象。

　　"此人颜值不高，但是才华横溢。你们可不要只懂得当个'外貌协会'的人啊！"施大作家小声提醒道。

　　"噢，他有什么本事呢？"万里路不屑一顾。

　　"待会儿你们就知道了。"

　　不一会儿，三人跟着矮个男子来到了一处葡萄架前。一串串葡萄如黑珍珠般挂于藤蔓上，让人见了就忍不住想吃。葡萄架下，一只狐狸馋得直流口水。它想尽了各种办法去够葡萄，但都没有成功。狐狸感到无望，只好转身离开。它边走边回头说："#@ ￥*%※&……"

　　"狐狸在嘀咕些什么呢？"万里路一头雾水。

　　"你为什么不问问前面那位先生啊？"施大作家提示。

　　"请问，狐狸在说些什么呢？"

"狐狸说：这些葡萄是酸的，不好吃。"矮个男子微笑道，"有些人无能为力，做不成事，却偏偏说时机还没有成熟。"

万里路点点头，既为矮个子男人破译了狐狸语言的密码，更为他那句精彩的评点。

不远处，乌龟和兔子正准备一场赛跑。在万里路的印象中，兔子四条腿，一蹦一跳，跑得超快；乌龟虽然也长了四条腿，但只会爬行，速度自然超慢。

"兔子赢定了！"万里路下了结论。

"那可未必噢。"矮个子男人摸了摸胡子。

"预备——开始！"随着猴子裁判一声令下，兔子一个箭步冲到了前面，并且一路领先。它看到乌龟被远远抛在后面，就决定先打个盹，稍后再追乌龟也不迟。于是，它在树底坐下来，很快睡着了。乌龟慢慢地超过它，并且爬完了整个赛程，无可争辩地当上了冠军。兔子醒来后，发现自己竟然输了。

"我说的没错吧。"比赛结果一出来，矮个子男人得意地瞟了万里路一眼。

"您……您是如何料到的？"万里路不由佩服起眼前这个人来。

"看一个人是否会成功，天生素质并不是决定性的因素。只有踏踏实实，才会事有所成。"

矮个子男人话音刚落，就见到前方一只蝙蝠掉落在地上，被黄鼠狼叼了去。蝙蝠只好请求饶命。

黄鼠狼滴里嘟噜说一阵，大意是绝不会放过蝙蝠，因为自己生来痛恨鸟类。蝙蝠也叽里呱啦个不停，大概是辩称自己是老鼠，不是鸟。结果出人意料，蝙蝠就被黄鼠狼给放了。

看此情景，万里路兄妹也总算松一口气，毕竟场面太血腥可不好。

谁料，还没走出几分钟，这只蝙蝠又掉落了下来，被另一只黄鼠狼叼住，蝙蝠再三请求黄鼠狼不要吃他。这只黄鼠狼说他恨一切鼠类。蝙蝠倒也聪明，改口说自己是鸟类，并非老鼠，又被放了。

"你们说，这只蝙蝠为什么能两次死里逃生啊？"矮个子男人看了看兄妹俩。

"因为它两次改变了自己的身份。"万卷书回答。

"对，这说明啊，随着情境的改变，要懂得调整对策，随机应变，避免危险！"

正想着，前面发生了一场纠纷。

一只蚊子飞到狮子那里，嗡嗡直叫，好像在说："我不怕你，你也并不比我强多少。你的力量究竟有多大？是用爪子抓，还是用牙齿咬？仅这几招，女人同男人打架时也会用。可我比你要厉害得多。你若愿意，我们不妨来比试比试。"蚊子吹着喇叭，猛冲上前去，专咬狮子鼻子周围没有毛的地方。狮子气得用爪子把自己的脸都抓破了，最后无奈要求停战。蚊子战胜了狮子，吹着喇叭，唱着凯歌，在空中飞来飞去，不料却被蜘蛛网粘住了。蚊子将被吃掉的时候，一声悲叹，似乎在说："我已战胜了最强大的动物，却被这小小的蜘蛛消灭。"

"孩子们，世上万事万物，各有长与短。强者有短处，弱者有长处。任何时候都要谦虚谨慎。只有保持清醒的头脑，才能永远立于不败之地。"说罢，矮个子男人转身离去。

"施大作家，他是谁啊，怎么这么有智慧？"万里路忍不住问了起来。

"他叫伊索，曾经是一个奴隶。如今，他正环游世界，为人们讲述精彩的寓言故事呢。"

名家卡片

伊索（约公元前620年～公元前560年），古希腊著名的哲学家、文学家。他曾是一名奴隶，所创作的寓言深受古希腊人民喜爱。

3. 走自己的路，让别人说去吧

——走近但丁

　　威尼斯位于意大利东北部，是世界闻名的水上城市。这里河道纵横交叉，小艇成了主要的交通工具，等同于大街上的汽车。

　　这天，施大作家和兄妹二人有幸得到邀请，出席威尼斯执政官组织的宴会。三人乘坐小艇前往，一边欣赏水城的迷人风光，一边谈笑风生，好不惬意。

　　宴会高朋满座，城邦使节、社会名流悉数到场。

　　就餐时，听差给来宾端上煎鱼。人人面前摆的都是肥大的鱼，只有穿宽大长袍那位先生面前摆的是一条很小很小的鱼。

　　那位先生的情绪似乎一点都没受影响。不过他并没有吃鱼，而是用手把盘子里的小鱼拿起来，凑近自己的耳朵边，仔细地听着，然后再逐一放回盘子里。

　　执政官见状感到莫名其妙，便好奇地问他在做什么。

　　只听那位先生大声说道："几年前，我的一位朋友逝世，举行的是海葬，不知他的遗体是否已埋入海底，我就挨个问这些小鱼，看它们知不知道情况。"

执政官听了觉得很有意思，便追问："那么，这些小鱼都说了些什么？"

那位先生说："它们对我说，它们都还幼小，根本不知道过去的事情，建议我向同桌的大鱼们打听打听。"

执政官听罢，恍然大悟，哈哈大笑起来，并立即吩咐听差马上给这位先生端一条最大的煎鱼来。

"这位先生好机智啊！"坐在隔壁桌的万里路目睹这一切，脱口而出。

"嘘——"施大作家将食指往唇边一竖，压低了嗓音，"此非凡人。"

"噢，那是何方神圣？"万卷书凑了过来。

"他就是大名鼎鼎的诗人但丁。"施大作家一脸崇拜。

"那他都写了什么作品呢？"万里路问。

"他的作品很多。最著名的要数《神曲》了。"

"神曲？"万里路眼睛瞪得滚圆，"难道《忐忑》《江南style》《小苹果》这些神曲都是他写的？"

"非也，非也！你所说的那些'神曲'，指的是流传度极广，唱着停不下来的歌曲，而我说的'神曲'则是一部大作。"施大作家也被逗乐了。

"那是什么大作？"万里路一脸狐疑。

《神曲》全长14233行，由《地狱》《炼狱》及《天堂》三部分组成。"施大作家将杯中酒一饮而尽，"这部作品通过作者与天国各著名人物的对话，反映出中世纪文化领域的成就和一些重大的问题，歌颂了灵魂的美好与光明的引导，表达了诗人执着追求真理的思想。"

"噢，我想起来了。"万卷书似乎想起了什么，"老师说过，这部书还有个《序曲》，主要讲诗人迷失在一座昏暗的森林之中，当他看到行星的光辉而举步向前时，竟然出现了三只猛兽挡住去路，三只猛兽分别是代表逸乐的豹、代表野心的狮子和代表贪婪的狼。"

"没错，正是这三只猛兽要把诗人逼回昏暗的森林，还好古罗马诗人维吉尔的灵魂出现了，他受诗人暗恋的贝雅特丽齐之托前来拯救诗人从另一条道路走出困境。"

"感觉梦幻一般，又颇有象征意义。"万里路若有所思。

"这正是诗人的伟大所在，一切智慧都蕴含其中呢！"

"《地狱》讲了什么呢？"万卷书问。

但丁笔下，地狱对于恶人来说十分可怕，他们在那里要受到各种各样的惩罚；而对于一些哲学家、思想家、大诗人来说，却是十分美好的地方，那里不但没有苦刑，还有宏伟的城堡、美丽的溪流、青翠的草地呢。"施大作家回答。

"那《炼狱》呢？"万卷书对此并不了解。

"炼狱分七层，每层住着一种忏悔的灵魂。他们都在主动地改造自己：骄傲者屈身唱着圣歌，嫉妒者双眼锁着铁丝互相依靠，易怒者口唱上帝的羔羊，怠惰者以劳动来悔过，贪财者以嘴亲地，贪食者望着果树而不食，贪色者在火中奔跳想烧去欲火。"施大作家解释道。

"那《天堂》一定描写了特别美好的境界！"万里路猜测。

"此言不差。在诗人的笔下，天堂分为九重，经过洗心革面的灵魂才能升到这里……"

施大作家侃侃而谈，宴会也在不知不觉中结束了。为了更多地了解大诗人但丁，三人决定跟在他后面走一段，找个机会好好求教。

路上，一件让人意想不到的事发生了。但丁居然冲进一家铁匠作坊，拿起铁匠的锤子等工具，一件又一件地扔到街上。铁匠气坏了，愤怒地质问："你干什么？你疯了吗？"但丁义正词严地说："我不毁坏你的东西，你就要毁坏我的东西。"铁匠觉得奇怪："难道我破坏了你的什么吗？"但丁答道："你刚才一边打铁一边在唱我的诗歌，却不按我写的去唱，你破坏了我的作品！"

"走自己的路，让别人说去吧！"看罢此景，施大作家感慨道。

名家卡片

阿利盖利·但丁（1265 年～1321 年），意大利诗人，现代意大利语的奠基者，欧洲文艺复兴时代的开拓人物之一，以长诗《神曲》留名后世。

4. 幸福在人间

——走近薄伽丘

因为在威尼斯一直找不到拜访但丁的机会，这天，施大作家决定带兄妹俩前往但丁的家乡——意大利佛罗伦萨。也许，在那儿能了解到更多关于这位大作家的信息。

走过一条狭窄的石头小路后，三人来到了但丁的居所。这是一座很普通的临街小楼，门口挂着一盏方形风灯，灯不太亮，闪烁着昏黄的光。

"但丁早不在这里居住了。"白发苍苍的老邻居说。

"他搬去了哪儿？"万里路问。

"说来悲哀啊！"邻居不住叹息，"听我父亲说，但丁遭到权贵的迫害，被当政者宣布终身流放，永远不准返回佛罗伦萨。"

"噢……"万里路轻轻点头。

"我们想了解他的更多情况，有谁知道吗？"万卷书小声地问。

"这个嘛，也许你们可以找找薄伽丘，他就在佛罗伦萨大学。他致力于《神曲》的诠释和讲解，还准备写《但丁传》呢！"
老邻居提议。

　　数小时后，三人带着恭敬的心情踏进了薄伽丘的家门。客
厅的壁炉里燃烧着木炭，红红的火舌舔着黝黑的木炭，不时炸
出噼啪的火花，温暖扑面而来。石砌的墙壁经过长年烟熏火烤，
泛出一层黑光。

　　"我有幸在年幼的时候就开始接触但丁先生的《神曲》，并
对他产生深深的敬意，发下誓愿，要成为像他一样伟大的诗
人。"薄伽丘丝毫不掩饰自己内心的想法。

　　"那您受他的影响一定很大吧！"万卷书眨巴着一双天真的

眼睛。

"是的，我花了很多时间和精力来研究他的作品。如果你们感兴趣，我这儿就有一份讲课稿，你们可以拿去参考。"薄伽丘随手递过厚厚一叠材料。

"谢谢，真是万分感谢！"施大作家双手接过，"能给我们介绍介绍您个人的创作吗？"

"当然可以！"薄伽丘一脸兴奋，"我的新书《十日谈》即将完稿，这是我心血的结晶。"

"《十日谈》，都谈了些什么呢？"万卷书十分期待。

"说来话长。1348年，我们这儿发生了一场可怕的瘟疫。每天，甚至每小时，都有大批大批的尸体运到城外。从3月到7月，病死的人达10万以上，昔日美丽繁华的佛罗伦萨城，变得坟场遍地，尸骨满野，惨不忍睹。"薄伽丘双眉紧蹙。

"这和您的作品有关吗？"万里路问。

"正是这件事给我的心灵留下了深刻的印记。为了记下人类这场灾难，我就以这场瘟疫为背景，创作了《十日谈》。"

"能说说主要内容吗？"万卷书想一听为快。

"为了逃避瘟疫爆发，7个年轻的女子和3个男青年来到郊外的乡间别墅，用轮流讲故事的方式消磨时光。他们每人每天讲一个故事，住了10天，故名《十日谈》。"

"那一定是很痛苦的10天吧！"万里路猜想。

"不，这是美妙的10天。那里环境幽雅，景色宜人。翠绿的树木，曲折的走廊，精致的壁画，清澈的泉水，地窖里还藏着香味浓郁的美酒。这10位年轻人唱歌弹琴，跳舞散步。绿草茵茵的树荫下，大家津津有味地讲起了故事！"薄伽丘说。

"这些故事都围绕相同的主题吗？"万里路很是好奇。

"这100个故事，除了第1天和第9天没有命题外，8天的故事各在一个共同的主题下展开。里头的故事，有的取材历史事件、寓言、传说，有的就来自意大利的现实生活。"薄伽丘回答，"我希望通过这些故事，揭露残暴、罪恶和虚伪，当然，更要讴歌现世生活的美好。因为，幸福在人间！"

"能给我们讲其中的一两个故事吗？"万里路迫不及待了。

"好啊，我就给你们讲讲第4天的一个故事。一个从小与世隔绝的青年，跟父亲下山进城，路上遇到一群漂亮姑娘。青年问父亲这是什么东西，虔诚信教的父亲答道：她们全都是祸水，叫'绿鹅'。他嘱咐儿子别去看她们。儿子却说：爸爸，让我带一只'绿鹅'回家吧。"

"您想通过这个故事告诉别人什么呢？"万里路并未完全听明白。

"人的自然天性是无法阻挡的……"薄伽丘的话意味深长。

名家卡片

乔万尼·薄伽丘（1313年~1375年），意大利文艺复兴运动的杰出代表。代表作《十日谈》是欧洲文学史上第一部现实主义作品。

5. 现代小说之父
——走近塞万提斯

"孩子们，知道今天是什么日子吗？"施大作家问。

"当然知道啦，4 月 23 日世界阅读日。"一向喜欢阅读的万卷书回答。

"可你知道为什么要把这一天定为世界阅读日吗？"施大作家一本正经。

"这……这……"万卷书只知其一，不知其二。

"那是因为 4 月 23 日是一个特殊的日子，许多著名作家在这一天出生或辞世。为了让更多人喜欢阅读，增强对版权的保护意识，也为了纪念那些为促进人类社会和文化进步做出不可替代贡献的人，联合国教科文组织宣布将这天作为'世界图书和版权日'，也就是我们常说的'世界读书日'。"

"噢，怎么会这么巧。都有哪些大作家在这一天逝世？"万里路问。

"似乎是冥冥之中早已注定，塞万提斯和莎士比亚都在

1616年4月23日这一天去世。"

"哦，天啊，他们可是西班牙文学和英语文学中最伟大的两位作家啊！"万卷书脱口而出。

"正是。接下来的旅程，我们就要走近这两位大作家。"施大作家简要做了介绍。

马德里的西班牙广场，著名作家塞万提斯的纪念碑举世闻名。

正面是一尊大理石坐像，塞万提斯手拿《堂·吉诃德》手稿，宽大的披风巧妙地掩饰了他左臂的残疾。坐像脚下是堂·吉诃德以及紧随其后的仆人桑丘的铜像：一个瘦而高，一个矮而胖；一个骑瘦马持长矛，一个坐矮驴挥短鞭。主仆二人的形象，诙谐多趣又配合默契。四周还有一些反映书中场景的雕塑。

"塞万提斯的《堂·吉诃德》这本书到底都写了什么，为什么会成为经典？"坐在广场的石阶上，万里路满是疑惑。

"正像你们刚才看到的，这部书的故事情节主要围绕着堂·吉诃德和桑丘主仆二人展开。主人公堂·吉诃德是个穷乡绅，因读骑士小说入迷而异想天开，自命为游侠骑士。他拼凑了一副破烂的铠甲，骑着一匹瘦马，带上一个侍从桑丘，便开始周游各地，行侠仗义。"施大作家不愧学贯中西。

"周游各地，行侠仗义，那肯定遇到不少有趣的事情！"万里路兴致勃勃。

"那是当然。这个堂·吉诃德啊，满脑子都是骑士小说中的古怪念头，在他眼里，到处都是魔法、妖怪、巨人，到处都是他行侠仗义的奇景险境，自然也闹出不少笑话。"

"我知道，我知道！"施大作家话刚说完，万卷书一下子就兴奋起来，"我记得，有一回他把蒙帖艾尔草原上巨大的风车看成是作恶多端的巨人，不顾一切地杀将过去，结果被风车巨大的扇叶刮断了长矛，连人带马摔了出去。"

"还有一次，堂·吉诃德把羊群当军队，不顾一切地与之搏斗，结果被放羊人打掉了门牙，打断了肋骨。"施大作家补充道。

"他还把乡村客店当作城堡，把老板当作寨主，硬要老板封他为骑士。店老板乐得捉弄他一番，用堂·吉诃德的刀背在他肩膀上着实打了两下，然后叫一个补鞋匠的女儿替他挂刀。哈哈……"说到好玩处，万卷书不禁笑出声来。

"就这些荒诞的故事，怎么会成为经典呢？"万里路百思不得其解。

"其实，这部小说的社会意义，远远超出对骑士文学的讽刺，它同时展现了一幅西班牙社会生活的鲜明图画。"施大作家回答。

"这么说，堂·吉诃德的形象，既反映了塞万提斯人文主义的理想，又反映了这种理想与当时西班牙现实社会的矛盾！"万卷书心领神会。

"可以这么认为，别看堂·吉诃德疯疯癫癫，荒唐可笑，其实，他全身心都浸透着对理想的忠诚。按屠格涅夫的评价，他是'为崇高理想而献身的伟大精神的化身'；按别林斯基的说法，他是'一个永远前进的形象'。"施大作家说。

"我觉得他身上弥漫着自由、勇敢、乐观和热情。"万卷书已然沉醉其中。

"刚听时，我觉得堂·吉诃德滑稽好笑，现在倒有些肃然起敬了。"万里路感慨道。

"这的确是一部经典。尼日利亚著名作家奥克斯甚至动情地说——人生在世，如果有什么必读的作品，那就是《堂·吉诃德》。"施大作家起身轻轻抚摸着铜像。

名家卡片

塞万提斯（1547年～1616年），文艺复兴时期西班牙小说家、剧作家、诗人。他被誉为西班牙文学世界里最伟大的作家，著有《堂·吉诃德》一书。

6. 人类最伟大的戏剧天才

——走近莎士比亚

伦敦以西 180 千米的斯特拉福镇，是英国伟大的戏剧家威廉·莎士比亚诞生和逝世的地方。

莎士比亚的故居在小镇的亨利街北侧，是一座带阁楼的二层楼房。斜坡瓦顶、泥土原色的外墙以及凸出墙外的窗户，使这座 16 世纪的老房在周围的建筑群中十分显眼。

施大作家和万里路兄妹来到这里瞻仰。

"莎士比亚一生共创作了 37 部剧本、2 首长诗、154 首十四行诗。他是英国文艺复兴时期伟大的戏剧家和诗人，被马克思称为'人类最伟大的戏剧天才'。"故居工作人员正饶有兴致地给游客讲解。

"哇，真是太厉害了，写了那么多有名的作品！"万卷书喷喷赞叹。

"这一定跟他丰富的人生阅历有关。"万里路也发表了自己的看法。

"可以这么说！"施大作家摸摸万里路的头，"在你们这么大的时候，莎士比亚就对周围的事物产生了浓厚的兴趣。大自然的美丽景色，使他赏心悦目；老人们讲述的动人故事，叫他浮想联翩；对未来的美好生活，他充满了憧憬。"

　　"这跟他后来成为剧作家有关系吗？"万里路问。

　　"当然有关系啦！就是因为对未知事物的探究欲望，让他的未来有了更多的可能性。就好像一颗埋在土里的种子，有了阳光雨露就会破土而出一样。伦敦城里女王剧团的演出，让莎士比亚深深迷上了戏剧。因为他惊奇地看到，为数不多的几个演员，凭借一个小小的舞台，竟能演出一幕幕变幻无穷的戏剧来：一会儿再现古代世界，一会儿描绘现实人生；有时候让人捧腹大笑，有时候催人泪下。这多么神奇，多么有趣！"施大作家说。

　　"那他都做了什么呢？"万卷书瞪大一对天真的眼睛。

　　"他呀，常常邀集几个小伙伴，模仿自己看到的戏剧情节，有声有色地表演起来。有时候，他为了思考一个剧中的情节，独自在田间小径上踱来踱去，模仿某个角色的动作表情。他暗暗下了决心：要终身从事戏剧事业。"施大作家绘声绘色地叙述着。

　　"这样就可以了吗？"万里路问。

　　"当然不行。"施大作家摇摇头，"莎士比亚心里知道，当个戏剧家，要有很丰富的知识。因此，他开始如饥似渴地阅读哲

学、文学、历史等方面的书籍，自修希腊文和拉丁文，多方面地汲取营养。几年的工夫，他已经是一个相当博学的人了。"

"然后他就开始创作作品了？"万里路试着推断。

"哪有这么简单。读书毕竟只是知识的积累，成为剧作家，还得有丰富的实践经验。莎士比亚想在戏院里谋个职业，可这样的机会不是太多，他就主动到戏院做马夫，专门等候在戏院门口伺候看戏的绅士。有乘车的贵客到来，就赶紧迎上去拉住马，系好缰绳。日子长了，他和看门人混熟了。看门人特许他从门缝和小洞里看戏台上的演出，他边看边细心琢磨剧情和角色。"施大作家和颜悦色。

"原来这么辛苦啊！"万里路感叹道。

"莎士比亚凭借自己的努力，很快掌握了许多戏剧知识。有一位著名演员很欣赏莎士比亚的才能，请他到剧团里演配角。莎士比亚喜出望外，他知道在演出实践中能提高和丰富自己的艺术才能。为了演好戏，他经常深入下层社会，观察那些流浪汉、江湖艺人和乞丐，同自己周围的各种人谈心，学习他们的语言谈吐，熟悉他们的生活习惯，体会他们的思想感情。这样，他很快就成了一个十分活跃的演员。"

"不积跬步，无以至千里；不积小流，无以成江海。古人的话真是一点不假。"万卷书感慨万分。

"也就从那时开始，莎士比亚仅用了一年多的时间就为剧团写出了《亨利六世》等三部剧本，引起戏剧界的普遍关注。紧接着，他又连续写出了《理查三世》《错误的喜剧》等剧本，也获得了极大的成功。"

施大作家说这番话的时候，三人刚好走到了故居的蜡像馆。这些与真人一般大小的蜡像，展现了莎士比亚《第十二夜》《奥赛罗》《威尼斯商人》《哈姆雷特》《皆大欢喜》等剧作里的主要人物。蜡像栩栩如生，仿佛在向参观者诉说一个又一个跌宕起伏的故事。

"黑夜无论怎样悠长，白昼总会到来。"莎士比亚传奇而精彩的一生，本身就是一部经典的戏剧。

威廉·莎士比亚（1564年～1616年），欧洲文艺复兴时期英国最重要的作家，杰出的戏剧家和诗人，被喻为"人类文学奥林匹斯山上的宙斯"。代表作品有《罗密欧与朱丽叶》《哈姆雷特》《李尔王》《奥赛罗》等。

7. 活在喜剧里，死在演出中

——走近莫里哀

"戏剧原来有这么大的魅力！"寻访戏剧大师莎士比亚的旅程，让万里路发出由衷的感慨。

"想去剧场亲身体验一番吗？"施大作家提高了嗓门。

"想！很想！非常想！"兄妹二人异口同声。

"今天我们要去欣赏另一个大戏剧家的作品表演。他可是继莎士比亚之后，欧洲戏剧史上成就最高、影响最大的戏剧家之一。"施大作家眉飞色舞。

"噢，是谁这么厉害？赶快出发吧！"万里路催促道。

"暂时保密，待会儿你就知道啦！"施大作家神秘一笑。

法国巴黎皇家大剧院气势恢宏，装饰精美，四壁和廊柱布满巴洛克式的雕塑、挂灯和绘画。置身其中，本身就是一种极好的艺术体验。

离演出正式开始还有二十多分钟，剧场却早已座无虚席，施大作家和兄妹俩坐在右侧。

“晚上的主角是谁啊？”刚落座，万里路便急不可耐地问。

“戏剧家莫里哀。他不仅是今晚喜剧《无病呻吟》的剧作者，同时还担纲主演阿尔贡这个角色。”施大作家回答。

“哇，果然有才！”万里路惊呼。

“能走到今天，他也是付出了常人难以想象的艰辛。”施大作家说。

“何出此言？”

“21岁那年，莫里哀确立了自己献身戏剧事业的志向，却遭到父亲的极力反对。”

“戏剧事业这么好，为什么要反对？”

“当时的法国，演艺圈中的人地位十分低下，教会甚至规定：‘戏子’死前必须作忏悔，否则不能埋入教堂墓地。”

“那后来莫里哀做出了什么选择？”

“因为对戏剧的疯狂痴迷，亲人的斥责和反对并不能阻止莫里哀走自己的路。他与几个志同道合的朋友共同建立了‘光耀剧团’，在巴黎演出。”

“终于迈出胜利的一步了！”万卷书随声附和。

“可造化弄人啊！”施大作家长叹一声，“因为经营不善，剧团负债累累，莫里哀被债主控告入狱。父亲将他赎出，希望他改弦易辙，他却不惜与家庭决裂，义无反顾地加入流浪剧团。从此，莫里哀彻底丢下了产业与荣誉，放弃了家族赋予的社会地位，开始了长期的漂泊生活。”

"能说说他取得的成就吗？"万卷书已然沉浸在人物坎坷的经历中。

"他是一位杰出的剧作家，一位出众的导演，一位技艺精湛的演员。他一生为戏剧事业而奋斗，写下了30多部剧本，扮演过20多个重要角色。他的作品包括《冒失鬼》《可笑的女才子》《丈夫学堂》《太太学堂》《伪君子》《堂璜》《吝啬鬼》等，都是广受喜爱的佳作。"

施大作家话音刚落，演出大幕徐徐拉开，会场顷刻间变得鸦雀无声。

莫里哀登场了，台下掌声如雷。演出主要讲述"没病找病"的疑病症患者阿尔贡的故事。在以他为核心的家庭生活中，各色人物悉数登场：无知无能的骗子医生、阴险狡诈的后妻、纯真美丽的女儿、为了爱情可以不顾一切的小伙子，还有一个聪明幽默、最终让一切阴霾烟消云散的可爱女仆。

滑稽荒诞的故事，惟妙惟肖的表演，会场内笑声和掌声此起彼伏。可没有人知道，此时台上的莫里哀正在忍受着疾病的折磨。

上台前，一名剧团成员就恳求病魔缠身的莫里哀："求您别演了。"莫里哀反问道："你叫我怎么办？团里有50多个人靠演戏挣钱生活。如果我不演了，这些可怜的人怎么办？我会因不关心他们的生活而自责。"

在演到第三幕著名的《朱罗》这一段时，莫里哀就觉得浑

身不适，观众的欢笑声勉强掩盖了这一情形。

"我冷死了。"莫里哀轻声说，但观众还以为是莫里哀表演得逼真，一个劲儿地鼓掌喝彩。

演出大幕刚落下，莫里哀就昏倒在舞台上，剧团人员手忙脚乱地将他抬回家。莫里哀肺炎恶化，咳血不止，不到四个小时，这个伟大的喜剧作家与世长辞。

活在喜剧里，死在演出中。莫里哀以自己的卓越成就，赢得了在法国和欧洲文学史上的重要地位。在莫里哀去世之后，法兰西学院在大厅里为他立了一尊石像，底座上刻着这样的题词："他的荣誉什么也不缺少，我们的光荣却缺少了他。"

名家卡片

莫里哀（1622 年～1673 年），法国喜剧作家、演员、戏剧活动家。他是法国 17 世纪古典主义文学最重要的作家，古典主义喜剧的创建者。

9. 一本男孩子必读的书

——走近笛福

为了更好地了解 18 世纪英国现实主义小说，两个月前，施大作家就推荐万里路兄妹俩阅读笛福的小说《鲁滨孙漂流记》。

从法国转道英国，三人准备前往笛福的墓地参观。

伦敦的班黑尔墓地，历史悠久。一棵大橡树下，他们找到了笛福的墓碑。墓碑是白色的，挺拔高耸，大约有 3 米高，碑柱呈方棱形，顶部尖尖的，好像是一把刺向空中的利剑。上面除了镌刻着笛福的姓名和生卒年代外，还刻着一行字：《鲁滨孙漂流记》的作者。

"这一行字，足以让一个作家不朽了！"万卷书神情严肃。

"一个人能改变这个世界一点点，就已经相当了不起了。"施大作家接过话题，示意二人往回走。

"这本书讲的是一个真实的故事吗？"万里路边走边问。

"是的，作者的创作灵感来自苏格兰水手赛尔科克。1704 年，赛尔科克在海上与船长发生争吵，被船长遗弃在荒岛上，4

年后获救。"施大作家说，"噢，差点忘了，你们俩这本书看得怎么样了？"

"都读完了，真是太精彩了！"万里路赞不绝口。

"哦，读懂了吗？"施大作家并不太放心。

"当然读懂了，不信你可以考考我们啊！"万里路拍拍胸脯。

"好，那就请你说说故事的主要内容吧。"

"故事主要讲了流落荒岛的鲁滨孙与自然斗争，以顽强的意志生存了下来，还收留了一个野人，取名叫'星期五'，把他训练成忠实的奴仆。28年后，他救了一个落难的船长，回到了英国。"万里路言简意赅。

"果然不错，一些细节都记住了吗？考考你们。"施大作家和兄妹俩上了车。

"尽管放马过来！"万里路一屁股坐到了座位上。

"在荒岛上，为了弄清楚播种的季节，鲁滨孙是怎样处理仅有的种子的？"施大作家问。

"他先播下三分之二。"万里路对答如流。

"鲁滨孙觉得自己到岛上以后过得最愉快的是哪一年？"

"当然是收留仆人星期五的那一年。"

"鲁滨孙把挖的山洞戏称为他的什么？"

"厨房。"

"每天傍晚，鲁滨孙的消遣是什么？"

"给山羊挤奶。"

就这么一问一答，万里路倒是把书中的内容记得很牢。

"这些细节还看不出你真正读懂了没，所以，我要提高点儿难度。"施大作家提高了嗓门，"请说一说鲁滨孙在你心中是一个怎样的人？你是从书中的哪些故事情节里知道的？"

"这还不简单，"万里路心里暗自得意，"我觉得他特聪明。书中写他把柱子做成一个大十字架，竖在他第一次上岸的地方。在这方柱的四边，他每日用刀刻一个凹口，每七日刻一个长一倍的凹口，每一月刻一个更长一倍的凹口。这样，就有一个日历，能计算日月了。"

施大作家点头称是，转身问万卷书："说说你的看法吧！"

"我觉得鲁滨孙特别有毅力。"万卷书回答，"他历尽艰辛才把树砍倒，用 22 天时间砍断根部，又花 14 天时间用大斧小斧砍掉树枝和向四周张开的巨大的树顶。然后，又花了一个多月的时间又砍又削，最后刮出船底的形状，使其下水后能浮在水上。树干这时已砍削得初具船的形状了。接着他又花费了将近 3 个月的时间把中间挖空，做得全然像只小船。在挖空树干时，他不用火烧，而是用槌子和凿子一点一点地凿空，最后确实成了一只大得可以乘 26 个人，像模像样的独木舟。"

"有人说，这是一本男孩子必读的书，你们有什么看法？"施大作家问。

"很有道理啊，这本书能让男孩子明白什么叫真正的勇敢与坚强！"万里路几乎不假思索。

“女孩子是不是就不要读了呢？”施大作家把头转向万卷书。

“女孩子当然也要读！”万卷书嫣然一笑，“学会生存，学会独立，知道怎样解决困难，这些是我们女孩子同样应该学习的噢！”

“很高兴，你们都有独到的见解。法国思想家卢梭说，《鲁滨孙漂流记》是一部合乎情理地解决问题和通过实践来学习的经典。它能为每个成长中的孩子提供勇气、智慧和力量。愿你们也能从书中得到这种勇气、智慧和力量！”

笛福若地下有知，该是感到由衷欣慰吧！

名家卡片

丹尼尔·笛福（1660年~1731年），英国作家。英国启蒙时期现实主义小说的奠基人，被誉为英国和欧洲的“小说之父”。《鲁滨孙漂流记》是他的代表作。

9. 名著中的名著

——走近歌德

"在世界文学史上，有一些作品，可以称得上名著中的名著，你们知道有哪些吗？"施大作家问。

"《荷马史诗》。"

"《神曲》。"

"《哈姆雷特》。"

"这些当然都不错，不过有一部作品一定不能错过，那就是歌德写的《浮士德》。"对万里路兄妹的回答，施大作家作了补充。

"这么重要！《浮士德》都讲了什么呢？"万里路不由拉长了耳朵。

"《浮士德》是一部以德国民间传说为题材的长篇诗剧。全剧没有首尾连贯的情节，而是以主人公浮士德思想的发展变化为线索，以文艺复兴以来的德国和欧洲社会为背景，写一个知识分子不满现实，竭力探索人生意义和社会理想的生活道路。它是一部现实主义和浪漫主义结合得十分完美的诗剧。"施大作家介绍道。

"听老师讲，很多人都给予了这部作品高度的评价呢！有人说它是'德国社会的一面完整的镜子'，也有人说它是'一部灵魂的发展史，或一部时代精神的发展史'。"万卷书了解得还真不少。

"哇，真了不起！要是能见到作家本人就好了！"万里路不免心生向往。

"心动不如行动，我们这就穿越时空去拜访大作家歌德吧！"万卷书提议。

德国的魏玛是一座田园般的小城。三月，到处还弥漫着寒意，不过三人内心却异常的火热——他们即将在这里见到举世闻名的大作家了。

美丽的喷泉后，有一排三层楼的老房子，那就是歌德的家了。为了欢迎远道而来的客人，歌德特意在房子斜对面的白天鹅饭店招待三人。

"您好，能给我们说说您为什么能创作出《浮士德》这样经典的作品吗？"万里路开门见山。

"哈哈，这一切都是积累的结果罢了。"已经83岁高龄的歌德依然精神矍铄。

"积累，此话怎讲？"万里路不明就里。

"这还得从我小时候讲起。"歌德抿了一口杯中酒，"1749年8月28日，我出生在法兰克福市一个富裕的市民家里。我的父亲是法学博士，学识渊博；母亲是市长的女儿，富有学识，为人精明，谈吐幽默。这一切使我在童年就受到良好的教育，深受古典文化的陶冶，也为我后来的创造奠定了基础。"

"看来您父母小时候就十分注重对您的培养啊！"万卷书笑笑说道。

"对，"歌德面容慈祥，"记得我母亲经常给我讲故事。最有意思的是，每到听得津津有味的时候，她总会故意停下来，让我猜想下面发生的事。如果我猜不对，也说不出答案，母亲就会让我继续想，直到想出合理的答案为止。"

"难怪您有那么丰富的想象力和构思能力呢！"施大作家举杯敬酒。

"不过，光有小时候的积累还是不够的。我觉得对自己创作影响最大的，应该是我一直以来秉持的文学观。我认为整个世界都是创作的题材，如果善于表现自己熟悉的生活，就一定能写出好作品。相信生活，它给人的教诲比任何一本书都多。"歌德语重心长。

"据我了解，您从事文学创作至今已有60多年了，是什么支撑着您的热情？"施大作家也有不少疑惑要请教。

"这个嘛，对文学的热爱自然是关键。不过，健康的身体也是基础。我年轻的时候，曾患过咳血症，一度废学回家。后来，我开始注重体育锻炼，终于练就了一副强健的筋骨。我学会了跳舞、剑术和骑马，尤其爱好冬季的各种运动。我每年都冒着寒风登山、冬泳和滑冰。不过，现在年纪有些大了，慢慢力不从心喽！"说这番话的时候，歌德眼中依然满是自信。

"看来也不能只读书啊！"万卷书自言自语，算是对自己的提醒吧。

"人生在世，一定要拥有梦想并为之去奋斗，这样就不会留下遗憾。谁游戏人生，谁就一事无成；谁不能主宰自己，便永远是一个'奴隶'。"访谈约定的时间到了，歌德给万里路兄妹俩留下了一句话，转身乘坐一辆无盖马车，奔往安特斯堡公园。

谁也没曾想到，因为受了风寒，一向身体健康的大作家病倒了。在这期间，朋友听到了他的感慨："人活到这把年纪了，有时不免会想到死亡。我想到死亡时心里倒非常平静，因为我相信我们的生命是不会毁灭的，会在来世延续下去。生命就像太阳一样，我们以为日落后它消失了，但事实上，并没有消失，它仍继续在放射光芒。"

几天后的 3 月 22 日，83 岁的歌德死在书桌旁。他手里握着笔，坐在圈椅上，隐约中人们似乎还能听到他最后的呼唤："光明，再多一点光明！"

10. 跛足诗人

——走近拜伦

希腊的圣托里尼岛，美得让人心醉。

落日的余晖映照着爱琴海，闪耀出斑斓的光。无数精致的白色房屋密布在临海的断崖上，朴素静谧，仿佛一个童话世界。

虽然离开这儿已经好几天了，三人依然对圣托里尼岛的美景念念不忘。这天，他们在一家酒馆里闲聊，却因一场葬礼扰乱了思绪。听店家说，这是在为诗人拜伦举行国葬。

"国葬？诗人拜伦一定为这个国家做出了很大的贡献吧！"万里路低声说着。

"正是，近来希腊民族解放斗争日益高涨，身为英国人的拜伦毅然来到这里，参加希腊志士争取独立、自由的武装斗争。因为忙于战备工作，遇雨受寒，一病不起，不幸逝世。他的死使希腊人民深感悲痛，全国致哀 21 天。"店家神情庄重。

"超越了国界，他是在为正义而战！"万卷书喟然长叹。

许是万卷书的话引起了店家的共鸣，他竟轻声吟诵起拜伦不久前写的诗："如果你对青春抱恨，何必活着？使你光荣而死的国土，就在这里。去到战场上，把你的呼吸献出！寻求一个战士的归宿吧，这样的归宿对你最适宜。看一看四周，选择一块地方，然后静静地安息。"

"是啊，"施大作家情绪激动，"虽然他的人生只有短短的36年，但他活得有尊严，有价值。在如火如荼的民族解放的政治舞台上，他身着戎装、叱咤风云，为民主和自由而战；在波澜诡谲的浪漫主义文苑诗坛上，他手握如椽之笔，流金溢彩。"

"能给我们说说他的作品吗？"万里路想了解更多。

"他的代表作有《懒散的时刻》《恰尔德·哈洛尔德游记》《唐·璜》等。尤其是《唐·璜》，人们给予了高度的评价，甚至将其誉为'绝顶天才之作'。"施大作家说。

"这本书主要都写了什么呢？"万里路追问。

"这是一部以讽刺社会为基调的诗体小说。它通过主人公唐·璜的冒险经历，展示出18世纪末至19世纪初欧洲广阔的社会现实。作品因深刻的思想内容、广阔的生活容量和独特的艺术风格，广受赞誉。"施大作家说。

"这样的天才，小时候一定很聪明吧！"万卷书把头探了过来。

"恰恰相反。"施大作家回应道，"因为天生跛足，走起路来身体左右摇晃，拜伦幼小的心灵留下了难以抚平的创伤。这样他根本难以把注意力集中到学习上。"

"这也难怪！"万里路满是同情。

"有一天，小拜伦走在街上，有个女人对他说：'你这孩子真是可怜，这么可爱，却有这样一条腿。'你猜小拜伦有什么反应？"施大作家问。

　　"不理他。"万里路说。

　　"不，不是的。"施大作家摇摇头，"小拜伦听了这话后，十分生气，举起手中的玩具皮鞭就去抽打那个女人，并大声叫着：'给我住口！'"

　　"啊——"兄妹俩目瞪口呆。

　　"细心的母亲发现了孩子的心理异常，便开导他：'孩子，你要记住，你的父系家族历史悠久，曾出过英雄和航海家。而

这都是别的小孩所没有的，你要为这些感到骄傲才是。'小拜伦从母亲那里了解到自己也有胜过别的孩子的地方，心里也就平静了下来。"施大作家说。

"他有个了不起的母亲！"万卷书说。

"这种独特的经历也磨炼了拜伦坚强的性格。"施大作家继续讲述，"后来拜伦跟一位老师学拉丁文。那位老师看他每天因治腿病痛苦不已，劝他好好休息，不要勉强自己。而拜伦却若无其事地说：'这没有什么，我已经习惯了。'"

"有这样的毅力，难怪能够学有所成。"万里路一脸佩服。

见三人聊得如此投入，店家也凑了过来："你们这么喜欢拜伦，那我们一起来读读他《春逝》中的诗句吧！"

"若我会见到你，事隔经年。该如何问候，以眼泪，以沉默。"店家轻声吟诵。

"多年离别后，抑或再相逢。相逢何所语？泪流默无声。"施大作家充满深情。

文化不同，解读难免有些不同。

酒馆里回荡着诗和酒的味道。也许，这是祭奠浪漫诗人最好的方式。

名家卡片

乔治·戈登·拜伦（1788年～1824年），英国19世纪初期伟大的浪漫主义诗人。代表作品有《恰尔德·哈洛尔德游记》《唐·璜》等。

11. 医生，给我纸和笔吧
——走近海涅

    法国巴黎，一个繁华的大都市。塞纳河蜿蜒着穿城而过，波光荡漾着每个人的心。

    然而，这一切三人暂时无缘欣赏，因为几天前，施大作家喝醉了酒，不慎将脚给扭伤了，要住院治疗几天。

    医院里，一向乐观的施大作家依然笑呵呵地和兄妹俩聊着天，只是他们都有意压低了嗓门——毕竟这里是医院，可不能大喊大叫。

    "医生，给我纸和笔吧！"声音不大，但隔着病房的门，依然能听得清楚。

    万卷书不由心生纳闷："一个病人，需要纸和笔干什么？"

    "肯定是嘴巴说不出话来，用笔和医生交流呗！"万里路不假思索。

    "说不出话来，那你刚才听到的是什么？"万卷书白了哥哥一眼。

"别打扰了人家，"施大作家赶忙制止，"我来的时候就了解过了，隔壁病房住着的，可是大名鼎鼎的诗人、小说家海涅呢！"

"噢，难道他向医生拿笔是为了写作？"万里路灵机一动。

"正是，"施大作家点点头，"早在 8 年前，海涅就患了严重的瘫痪症，那一年，他 51 岁。很多人以为，这下海涅肯定会放下笔安心养病了，没想到他依然忍受着巨大的痛苦，在'床褥墓穴'上用口授的方式创作了许多优秀诗篇。"

"噢，真了不起！"万里路轻声说道。

"其实，他早就知道自己的病治不好了。但是，人的生命是有限的，而作品的生命是无限的。他希望能给世人留下更多优秀的作品，所以最近一直在安排《回忆录》的写作计划。他每天咬紧牙关伏案疾书 6 个小时。医生见他实在不行了，强行藏起了他的纸笔，但海涅哪里肯呢？作为一个作家，纸和笔甚至比他的生命还重要。"

"他付出了常人难以想象的努力。"万卷书轻声自语。

"天才源自勤奋。他曾说过，'人们在那里高谈阔论天启和灵感之类的东西，而我却像首饰匠打金锁链那样精心地劳动着，把一个个小环非常精巧地联结起来。'"

"那他都写了哪些作品呢？"万里路被大诗人顽强不屈的精神深深折服。

"他的不少作品渗透着革命进步思想，很催人奋进的力量。

比如在《西里西亚纺织工人之歌》中，他这样写——忧郁的眼里没有眼泪，他们坐在织机旁，咬牙切齿：德意志，我们在织你的尸布，我们织进三层诅咒。我们织，我们织！"施大作家吟诵道。

"还有吗？"万里路听得入迷了。

"还有一首叫《我是剑，我是火焰》。"施大作家难掩内心的慷慨激昂，"黑暗里我照耀着你们，战斗开始时，我奋勇当先，走在队伍的最前列。我周围倒着我的战友的尸体，可是我们得到了胜利。我们得到了胜利，可是周围倒着我的战友的尸体。

在欢呼胜利的凯歌里，响着追悼会严肃的歌声。但我们没有时间欢乐，也没有时间哀悼。喇叭重新吹起，又开始新的战斗。我是剑，我是火焰！"

"很有点中国作家鲁迅的感觉。以笔为武器，战斗一生。"万卷书内心波澜起伏。

"他的一生都在为正义和尊严而战。"施大作家说。

"我好像看过他与一个旅行家争辩的故事。"万卷书记忆模糊。

"确有其事，"施大作家不顾脚疼坐了起来，"因为海涅是犹太人，常常遭到无端攻击。晚会上，一个旅行家对他说：我发现了一个小岛，那个岛上竟然没有犹太人和驴子！你们猜，这位旅行家的言外之意是什么？"

"很明显，这是在骂海涅是驴子。"万里路反应颇快。

"对啊，海涅哪里能忍受如此屈辱。他强压心中的怒火，郑重地回答：如此看来，只有你我一起去那个岛上，才会弥补这个缺陷啊！"施大作家边说边笑。

"好巧妙的回答啊！"万里路不禁拍手叫绝。

"这叫以其人之道还治其人之身！"万卷书也随声附和。

病房隔壁，大作家海涅早已忘记了病痛，奋笔写着生命的诗篇；病房这头，施大作家和万里路兄妹俩正轻轻朗读起诗人优美的诗句：

如果春天同着阳光来临，

花儿便叶茂蕊放；

如果月亮开始冷泛银光，

星儿便在其中荡漾；

如果歌手看到两只甜蜜的眼睛，

歌儿便涌出他的心房。

眼睛，月色和阳光，

这些使我多么欢畅，

但世界却并不总是这样。

名家卡片

亨利希·海涅（1797年～1856年），德国著名抒情诗人，被称为"德国古典文学的最后一位代表"。他的代表作有《德国，一个冬天的童话》等。

12. 法兰西的莎士比亚

——走近雨果

巴黎圣母院是一座典型的哥特式教堂。

站在塞纳河畔，远眺高高矗立的圣母院，巨大的门四周布满了雕像，一层接着一层，石像越往里层越小。所有的柱子都挺拔修长，与上部尖尖的拱券连成一气。中庭又窄又高又长。从外面仰望教堂，那高峻的形体加上顶部耸立的钟塔和尖塔，使人感到一种向蓝天升腾的雄姿。

"真是雄伟壮观啊！"万里路赞不绝口。

"如果你了解它的历史，或许还会产生更多的敬意。"脚伤痊愈，施大作家神采奕奕。

"咦，难道它和什么大人物有关？"万里路知之甚少。

"它跟一部作品有关。"

"我知道，著名作家雨果有一部作品就叫《巴黎圣母院》。"万卷书抢着回答。

"知道雨果吗？"施大作家摸摸万里路的头。

"噢，我想起来了。"万里路一拍脑门，"六年级课文中不是有篇《'诺曼底'号遇难记》吗，文章的作者正是雨果。他认为，在英伦海峡上，没有任何一个海员能与哈尔威船长相提并论。"

"对雨果你们还了解哪些？"施大作家随口问道。

"他一生坚持正义，讴歌被压迫民族的解放斗争。1860年英法联军火烧圆明园后，雨果曾发表著名的抗议信，怒斥英法强盗的罪恶行径。"万卷书也想起了语文书中"作家卡片"一栏的介绍。

"你对作家倒是了解不少，对《巴黎圣母院》这部作品了解多少呢？"见万里路兄妹俩来了兴致，施大作家准备往深里讲。

"我知道这是一部浪漫主义小说。里头有个敲钟人长得很丑，但是内心却非常善良。"万卷书勉强回忆出个大概。

"的确，美与丑的对比是这部作品最有魅力的地方。"施大作家接过话茬，"《巴黎圣母院》中，作家雨果以离奇和对比手法写了一个发生在15世纪法国的故事：巴黎圣母院副主教克罗德道貌岸然、蛇蝎心肠，先爱后恨，迫害吉卜赛女郎爱斯梅拉达。面目丑陋、心地善良的敲钟人卡西莫多舍身救女郎。故事情节曲折，人物性格夸张，富有戏剧性和传奇色彩。小说歌颂了下层劳动人民的善良、友爱、舍己为人，反映了雨果的人道主义思想。"

"看来挺值得一看的。"万里路听罢来了兴趣。

"雨果还有一部长篇小说也不容错过，那就是他的《悲惨世界》。"施大作家继续推荐。

"悲惨世界，估计写得很凄惨吧！"万里路胡乱猜测。

"还真有点这意思，"施大作家说，"故事围绕一名获释的罪犯冉阿让展开，着重描写他寻求救赎的过程。作品揭露了资本主义社会的尖锐矛盾和贫富悬殊，描写了下层人民的痛苦命运，提出了当时社会的三个迫切问题：贫穷使男子潦倒，饥饿使妇女堕落，黑暗使儿童羸弱。"

"听说法国人对这部小说的熟悉程度，就像中国人对《三国演义》那样。"万卷书不知哪里看到的资料。

"可以这么说吧！"施大作家点点头，"关于这部书的出版，也颇有意思。雨果写完《悲惨世界》之后，将书稿投寄给一位出版商。稿子寄出很长一段时间没有回音，于是，他在纸上画了一个很大的'？'，寄给了出版商。隔几天，出版商回信了，雨果拆开一看，上面也是一个字没有，只画了一个'！'。雨果知道有希望了。果然，他的《悲惨世界》不久就出版了，并大获成功。"

"这也行？"万里路简直不敢相信还有这样的沟通方式。

"雨果一生坚持创作六十多年，出版了大量的诗歌、小说、戏剧，在法国及世界有着广泛的影响力，被誉为'法兰西的莎士比亚'。"施大作家的话里满是敬佩。

"的确是个勤奋的天才！"万里路竖起了大拇指。

"这话恰如其分，"施大作家表示赞同，"任何伟大作品的诞生都不是信手拈来的。除了才华横溢外，雨果的成就更与他的勤奋有关。他曾在创作一部作品时，故意将自己的头发剪得乱七八糟的，这样就减少了出门的机会，暂时断绝社会交际。他认为，艺术的大道上荆棘丛生，这也是好事，常人都望而却步，只有意志坚强的人例外。"

名家卡片

维克多·雨果（1802年～1885年），法国作家，被人们称为"法兰西的莎士比亚"。他的代表作有长篇小说《巴黎圣母院》等。

13. 偷到缪斯女神金腰带的人
——走近普希金

　　"今天我们要去莫斯科拜访大诗人、小说家普希金。你们对他了解多少啊？"施大作家介绍起行程。

　　"嘿嘿，小时候就听过他写的童话《渔夫和金鱼的故事》！"万里路记忆力向来不错。

　　"我知道，他有一句名言——读书和学习是在别人思想和知识的帮助下，建立起自己的思想和知识。我觉得这句话讲得太好了。"万卷书博闻强记。

　　"看来你们都有一定的了解。普希金的抒情诗自然质朴，真挚纯洁。有人甚至称赞他是'俄国第一个偷到缪斯女神金腰带'的人呢。今天，我们就要好好向他讨教写作的秘诀。"

　　正说着，已然到了阿尔巴特街。街道不长，十来米宽，俄罗斯风情却非常浓厚。普希金的家就在这条街的 53 号。

　　"哇，这么年轻！"见到普希金的一刹那，万里路差点惊呼起来，还好忍住了，才不致失礼。因为，在他的印象中，举世闻名的大作家应该都有一大把年纪了。而眼前的这位作家，估计也就三十五六岁的模样。

"欢迎你们到我这儿来，很高兴能与你们交流。"普希金一脸热情。

"我们想向您请教一些写作的秘诀。"施大作家说明了来意。

"噢，秘诀啊！"普希金笑了笑，"秘诀没有，怪癖倒有几个。"

"快说来听听！"施大作家两眼放光。

"第一，我喜欢秋天写作。有人喜欢在冬天写作，有人喜欢在春天写作，而我喜欢在秋天写作。秋天是我最兴奋的季节，我觉得在秋天最容易获得灵感，我的很多作品都产生在秋天。"

三人点点头，继续聆听普希金的讲述。

"这第二个怪癖嘛，就是不强求，等待灵感的出现。写不下去时我会暂时搁下，等待灵感的来临。这种方法在写剧本时用得尤其多。创作剧本，大部分场次只需推理就行了，但当写到需要灵感的场次时，我只好等待灵感的到来，或者放下这一场不写——这样的工作方法对我是崭新的。"

万里路被大作家与众不同的创作心得深深吸引了，赶忙追问："还有第三个呢？"

"这第三个就是我比较注意搜集民间文化，并融入自己的诗中。"普希金说罢从书橱中取出一本笔记簿，"这里有 50 多首民歌，都是我从老百姓口中一句一句采录得来的。我打算核对迄今出版的所有俄罗斯民歌，并对它们做整理校勘。当然，这样做不仅能更好地保存民间文化，无形中也为我的诗歌创作源源不断地输入着养分。"

"听说您的长诗《茨冈人》中真妃儿唱的'你就砍我，你就烧我'这句著名的歌谣，就是根据摩尔达维亚民歌《我爱自由》改写的。"施大作家求证道。

"正是，"普希金满脸兴奋，"还有我的长诗《高加索俘虏》中少女所唱的《契尔克斯之诗》，就源于契尔克斯民歌。另外，我的一些童话，借鉴民歌的地方也是相当多的。"

"您写作好像不太喜欢粉饰语言？"施大作家接着问。

"对，这也算是我的一种喜好吧！"普希金说，"我偏好写作风格要简练。事物本身是如此引人入胜，无须任何粉饰，粉饰甚至有损于它。不仅是诗歌，散文也要简练。准确和简练，这是散文的主要优点。当然，这一切都建立在丰富的思想之上。没有丰富的思想，华美的辞藻亦无济于事。"

"我觉得您刚才说的不是怪癖，全是秘诀啊！还有什么好经验能跟我们分享吗？"千里迢迢，万里路可不愿错过这个机会。

"还有一点，我建议你们作诗时不妨反复吟诵。中国是诗歌的国度，你们中国人不是最喜欢吟诵诗歌嘛！"

"那倒是！"万里路点点头。

"吟诵其实就是反复推敲和玩味诗作的过程。这几乎成了我最重要的一种作诗方法。我的长诗《皇村回忆》，就是在散步中思考和吟诵，最后得以完成的。"

"哇，真是太棒了！能给我们吟诵一首吗？"万卷书恳求道。

"当然没问题！"普希金把椅子往后一推，站到了客厅中央，声情并茂地诵读起了那首《假如生活欺骗了你》。

假如生活欺骗了你，

不要悲伤，不要心急！

忧郁的日子里须要镇静：

相信吧，快乐的日子将会来临！

心儿永远向往着未来，

现在却常是忧郁。

一切都是瞬息，一切都将会过去。

而那过去了的，

就会成为亲切的怀恋。

名家卡片

亚历山大·谢尔盖耶维奇·普希金（1799 年～1837 年），俄国著名的文学家，19 世纪俄国浪漫主义文学的主要代表。他的代表作有诗歌《假如生活欺骗了你》等。

14. 苦难是人生的老师

——走近巴尔扎克

法国巴黎，一家知名的咖啡店里，万里路三人刚刚落座。

"每人一杯咖啡，一个冰淇淋，再加一个大果盘吧！"万里路提议。

"点这么多，可别浪费了。"施大作家提醒道。

"我就知道您是个吝啬鬼。"万里路开起了玩笑，"那好吧，大果盘就不要了。"

"嗯，这还差不多。"施大作家满意地笑笑，"你刚才说我什么来着？"

"我……我说您是吝啬鬼。"万里路挠挠后脑勺。

"哈哈，我可称不上，不过，你们知道号称中国第一吝啬鬼的是谁吗？"三句不离本行，施大作家出起了考题。

"我知道，叫严监生。临终之际，他还挂念着灯盏里点的是两茎灯草，恐费了油，不肯咽气。"万卷书想起了学过的课文。

"对。那你们知道国外最抠门的人是谁吗？"施大作家继续问。

"好像是一个叫格……格兰仕的人。"万里路结结巴巴。

"什么格兰仕，人家叫葛朗台。"施大作家抿了一口咖啡，"格兰仕那是咱国内一个家电品牌……"

三人正聊得开心，进来一个蓬头垢面的年轻人。此人二话没说，掏光身上所有的钱，到前台买了一瓶酒，坐下来咕嘟咕嘟地喝起来。

"兄弟这是遇到什么伤心事，如此失落啊？"施大作家觉得此人必定阅历丰富，上前搭讪。

"唉，别提了。不瞒你说，近来手头拮据，本想到有钱人家里窃得几个钱花花，不料次次落空，看来我得金盆洗手啦！"年轻人倒起苦水，一点儿都不避讳。

"噢，是嘛。说来听听！"施大作家一脸和善。

"就说昨天那户人家吧！"年轻人喝了一大口酒，"听说是个大作家，叫什么巴尔扎克，我想他一定家财万贯。好不容易进了他家，翻他的抽屉，我的妈呀，一个子儿都没有。"

"也许你没找对放钱的地方吧！"施大作家调侃道。

"少来了。"年轻人一脸无奈，"更可气的是，他发现我偷他东西时，不但不生气，还拼命对我笑。我就问他有什么好笑的。他说，他很抱歉，实在不能控制自己，因为他自己在白天就把屋子翻了个遍，连一毛钱都没有找到，所以根本不相信我还能在黑夜里找出点什么来。"

"真不走运啊！"施大作家赶忙安慰。

"再这样下去，我一定会饿死的。所以，我决定不干偷偷摸摸的行当了。我现在就去找工作！"年轻人将瓶中酒一饮而尽，出了店门。

"巴尔扎克是谁，家里那么穷吗？"在一旁竖起耳朵听的万里路满脑子疑惑。

"刚才那个小偷不是说了吗，是个大作家。前头我们聊到的吝啬鬼葛朗台就是他笔下的人物噢！"施大作家示意兄妹俩起身。

"现在我们去哪里？"万卷书边收拾行李边问施大作家。

"当然去巴尔扎克家喽。"

巴尔扎克家位于巴黎雷鲁阿德街 47 号。房子建在半坡上，立于前门俯视，是一所低矮的平房。从前门走下十几级台阶，有一个小院子，院子对面就是住房。院子侧面，是花园。花园占地约有一亩，草木杂陈，高低错落。

"能给我们说说您的创作体会吗？"落座后，施大作家直奔主题。

"做任何事情都要勤奋，文学创作也不例外。"巴尔扎克说，"我每天工作 18 个小时，从半夜到中午写作，从中午到下午 4 点校对校样，5 点钟用餐，5 点半睡觉，到半夜又起来工作。我给自己定下一个目标，每天必须写出 16 页的书，修改和校对时间除外。"

"听说您 3 天用掉一瓶墨水，更换 10 个笔尖。"施大作家简直不敢相信。

"差不多吧，我曾创造过纪录。我的作品《赛查·皮罗多》在 25 个小时内写成，《乡村医生》用了 72 个小时，几十万字的《高老头》则是三天内一气呵成的。"巴尔扎克眼里满是兴奋，兄妹二人却早已目瞪口呆。

"您写了这么多作品，一定有不少稿费吧！"咖啡店里的对话在万里路脑子里总是挥之不去。

"是有不少稿费，不过因为从事出版印刷业失败，无奈破产。苦难是人生的老师啊，现在的我，潜心创作，感觉生命有了更多的激情。"巴尔扎克双手一摊，笑道。

为了不打扰大作家的创作，三人匆匆拜别。然而，巴尔扎克那为了文学事业而废寝忘食的形象，深深印在了兄妹俩的头脑中。

名家卡片

奥诺雷·德·巴尔扎克（1799年～1850年），法国小说家，被称为"现代法国小说之父"。他一生创作颇丰，写出了91部小说，合称《人间喜剧》。

15. 一名天才的小说家

——走近大仲马

法国巴黎，施大作家带领兄妹俩前往大仲马家。

"呜呜……"刚进门，就传来一阵哭声。

透过门缝，三人看见主人正独自坐在书桌前，双手抚摸着稿纸，低声抽泣着。

"我们暂时还是不要打扰他。"施大作家说，"有痛苦要哭出来才好。先让他哭吧，发泄完就没事儿了。"

兄妹二人虽然纳闷，还是决定静静地坐在沙发上等待。

过了半个多小时，大仲马看起来似乎平静了很多。施大作家这才起身，走上前去安慰。他拍了拍大仲马的肩膀，关切地问："到底发生了什么事，令你如此伤心？"

"我正在创作《三个火枪手》，由于故事情节发展的需要，其中一个火枪手非死不可。可我非常喜欢这个人物，试图改变他的命运，却无法做到。一想到喜欢的英雄将被自己的笔杀死，怎能不伤心至极啊！"大仲马把事情的原委说了一遍。

　　"原来如此，我还以为是什么惊天动地的大事呢！"施大作家哈哈大笑，"我的朋友，你可知道我们来了多久了吗？"

　　"先生，你们不过来了45分钟，而主人却已经哭了好几个小时啦！"还没等大仲马回答，从门口经过的仆人边笑边说。

　　"哦！"施大作家点点头，"言归正传，今天我带两个徒弟来，是向您请教写作经验的。"

"写作经验称不上，我只是选择了一条适合自己的道路罢了。"大仲马双手一摊。

"看来您走上文学创作的道路并不简单。"万里路十分礼貌地问。

"那是！"大仲马不由激动起来，"想当年我穷困潦倒，流浪到巴黎，期望父亲的朋友能帮着找一份谋生的差事。"

"成了吗？"万里路十分好奇。

"见面后，父亲的朋友就问我是否精通数学，我不好意思地摇头。他又问我历史、地理怎么样，我还是摇头。接着，他又问法律学得如何，我依然摇头。他接连地发问，我都只能用摇头的方式告诉对方——自己似乎一无所长，连丝毫的优点都找不出来。"大仲马说。

"这下难办了。"万里路嘀咕了一声。

"没办法，父亲的朋友就让我先把住址写给他，再找机会给我找个事儿做。我羞愧地写下了自己的住址，就在那一刻，我听到了一句让我刻骨铭心的话——年轻人，你的名字写得很漂亮嘛，这就是你的优点啊，你不该只满足找一份糊口的工作。"大仲马情绪越来越激动。

"这句话深深触动了你。"施大作家面带笑意。

"把名字写好也算一个优点！"大仲马的话铿锵有力，"那一刹那，我似乎找到了生命的答案。在这个世界上，每个人都不是一无是处的，每个人身上都有独特的天赋，如果你能够正视自己的价值，发现自己的优势，就能成就无悔的人生。"

三人点点头。

"能透露一下目前的创作计划吗？"施大作家问。

"《三个火枪手》即将截稿，我正在构思一部新小说《基督山伯爵》。"大仲马回答。

"听起来不错，"施大作家颇有兴趣，"能谈谈您的设想吗？"

"法老号大副堂泰斯受船长委托，为波拿巴党人送一封信，却遭到两个卑鄙小人和法官的陷害，被打入死牢。狱友法里亚神甫向他传授各种知识，并在临终前把埋于基督山岛上一批宝藏的秘密告诉了他。堂泰斯越狱后找到了宝藏，成为巨富，从此改名基督山伯爵。经过精心策划，他报答了恩人，惩罚了仇人。"大仲马谈了创作设想。

"听起来您很喜欢基督山伯爵？"施大作家反应很快。

"对，他会是一个让读者着迷的人物。"大仲马自信满满，"他敢爱敢恨、豪爽大气，也聪慧过人，由于饱经沧桑，他对任何事都格外执着。"

"感觉上有你的影子。"施大作家笑笑。

"也许吧！"大仲马会心一笑，"不过他一定会比我完美。"

"两位孩子还小，还有什么好的建议送给他们吗？"

大仲马慈爱地看着万里路兄妹，郑重其事地说："生活没有目标就像航海没有指南针。青少年应该尽早给自己定下目标，并为之奋斗终生。这样，在离开的时候，才能骄傲地对这个世界宣告——我来过，我很棒！"

16. 用童话温暖人间

——走近安徒生

丹麦第三大城市欧登塞，坐落在菲英岛上。1805 年 4 月 2 日，世界童话之王安徒生就诞生在这里。

1905 年，为纪念安徒生 100 周年诞辰，在这里建起了安徒生博物馆。这是一间红瓦白墙的平房，共有陈列室 18 间，按时间顺序介绍安徒生生平以及各时期作品，展示大量安徒生作品的手稿、来往信件、画稿等。安徒生生前的用具仍按原样布置着，古朴的家具，两只有补丁的旧皮箱，一顶礼帽，一个提包，一把雨伞，一根手杖。这些曾经长期伴随他的简陋的旅行行装，体现了他朴实的生活和情趣。

"怎样才算真正读懂了安徒生的童话呢？"万里路一边参观一边问。

"欣赏经典的角度是多样的。一般认为，可以从思想立意和写作技巧两个方面赏析。"施大作家回答。

"能结合安徒生的作品给我们讲讲吗？"万卷书也十分期待。

"比如他的经典童话《卖火柴的小女孩》。知道主要内容吗？"施大作家问。

"当然知道啦！"万卷书可是从小听着童话长大的，"主要讲了一个卖火柴的小女孩在大年夜冻死街头的故事。"

"这真是一个让人心酸的故事。"施大作家语调低沉，"那你们是否思考过，作家想通过作品表达些什么吗？"

"表达他对弱者的同情。"万卷书回答。

"还有一点，那就是无情地揭露了当时社会的黑暗和罪恶。把最美好的东西毁灭给人们看——而这，正是这个凄美童话的魅力所在。"施大作家说。

"他是怎么想到要写这个故事的呢？"这个疑惑一直困扰着万里路。

"1846年，安徒生到国外旅行。在途中收到一封朋友的来信，要求他按照信中寄来的画片写故事。其中一张画片上，画的是一个美丽的小女孩，金黄的长头发打成卷儿披在肩上。她手里拿着许多火柴，瞪大了一双可怜的眼睛，好像在想些什么。安徒生看着这张画片，不由得想起了自己的身世。他出生在一个贫苦家庭，11岁那年爸爸去世，之后妈妈改嫁了，他只好和奶奶相依为命。每到傍晚，他盼望着讨饭的奶奶快些回来。慈祥的奶奶一回家，便把他搂在怀里，给他带来温暖，为他解除饥饿……想着这些，安徒生以自己的亲身感受，借助超凡的想象能力，写下了《卖火柴的小女孩》这篇动人的童话。"

兄妹二人被施大作家的讲述深深触动，心中的疑团也越来越多。

"一张画片，最后变成了一个经典的童话。除了有思想高度外，这篇文章肯定还有不少地方值得我们揣摩学习。"万里路陷入了沉思。

"可学习的地方太多了。"施大作家感叹道，"首先，一定要善于品味语言。比如文章第一句'天冷极了，下着雪，又快黑了'。这句话中的'冷极了'，已表达出冷的程度，加上雪，更冷。还有冬天的黑夜，又是一个冷。三个冷放在一起，层层推进。细品之后，我们仿佛看到了那雪花纷飞、寒风刺骨的场面，一下子就把读者带入了故事的情境当中。"

万里路兄妹点点头。

"其次，要好好欣赏作者奇妙的想象。"施大作家建议，"小女孩每次擦燃火柴，都置身于美丽的幻想之中，让人在寒冷中感受一丝温暖。你看那只鹅，能从盘子里跳下来，背上插着刀和叉，摇摇摆摆地向穷苦的小女孩走来。这样丰富的想象，细腻的描写，实在精彩至极！"

"文章一共描写了小女孩五次美丽的幻想，作者这样写到底有什么好处？"万里路还是有些不明白。

"这正是我要讲的第三点，学习作者的谋篇布局。对同一事件的反复叙述而又不是简单重复，以达到一波三折、引人入胜的效果，这种写法叫'反复叙事'。你们知道还有哪些文章也用

到了这种写法吗？"施大作家耐心解答。

"噢，我明白了！"万卷书豁然开朗，"安徒生的《丑小鸭》也用到了这种写法。丑小鸭受到野鸭的歧视、大雁的嘲笑、猎狗的惊吓……这不正是'反复叙事'嘛！"

"还有，还有！"万里路也紧随其后，"《三打白骨精》中，白骨精分别变成了村姑、老太婆和老头，也是用了这种写法。"

"学习就要这样融会贯通。"施大作家笑着点点头，"当然，这种反复绝不能是颠三倒四、啰唆累赘，而是通过不断强化，以期加强叙述效果。"

正说着，三人不约而同被博物馆墙上安徒生的一句话吸引：

人生就是一个童话，充满了流浪的艰辛和执着追求的曲折。我的一生居无定所，我的心灵漂泊无依，童话是我流浪一生的阿拉丁神灯。

名家卡片

汉斯·克里斯汀·安徒生（1805 年～1875 年），丹麦 19 世纪著名的童话作家，被誉为"世界儿童文学的太阳"。他的代表作有《卖火柴的小女孩》等。

17. 讽刺大师
——走近果戈理

　　周末，一场跨时空的写作比赛正在举行。关键词：眼睛。

　　为什么要选择"眼睛"作为写作对象呢？主办者认为，人的五官中，最活跃、最能泄露主人心灵秘密的，便是眼睛。

　　"她的眼睛长得像耶斯林家的其他人一样，直而浓黑的眉毛下长着一双深凹的眼睛。像水一样明亮，呈蓝灰色；看起来总是那样温柔，不像耶斯林家其他人那样目光逼人。"这是西格丽德·温塞特笔下温柔的眼。

　　"胡杏不看，也不动，她的眼睛注视着屋顶的瓦桁，只有眼白露在下面，好像希腊古代的艺术家雕刻的女神一般。"这是欧阳山笔下专注的眼。

　　"她脸上沾着丈夫的血，气得直咬牙，眼睛就像铁匠的熔炉那样往外冒着火苗。"这是菲尔丁笔下愤怒的眼。

　　"下巴突出些，并且常常掩着手帕，免得被唾沫沾湿。那小小的眼睛还没有呆滞，在浓眉底下转来转去，恰如两匹小鼠子，把它的尖嘴钻出暗洞来，立起耳朵，动着胡须，看看是否藏着猫或者顽皮的孩子，猜疑地嗅着空气。"这是果戈理笔下狡猾的眼睛。

在展示了一个个精彩的片段后，施大作家问兄妹俩："最喜欢哪个片段？"

"第四个片段。"两人异口同声。

"哦，"施大作家显然没料到会是这个答案，"其实每个片段都很棒，也许是第四个片段最有特色，所以给你们留下更深的印象罢了。"

"果戈理是谁？怎么会写出这么精彩的段落？"万里路赶忙问道。

"是一位写作高手，一代讽刺大师。等晚上，我们看完他写的戏，你的感受一定会更加强烈。"施大作家神秘一笑。

晚上，俄国彼得堡大剧院上演一出戏，戏名是《钦差大臣》。这是果戈理的讽刺喜剧，剧本写得精彩极了，演员的表演也非常出色，观众完全被征服，不时爆发出一阵阵欢快的笑声和热烈的掌声。

这时，从剧院一个豪华包厢里站起一个人，他是沙皇尼古拉一世。只听他恨恨地对身边的人说："这叫什么戏？我感到它在用鞭子抽打我的脸。"说罢，他出了包厢，气呼呼地回宫去了。

"这下你们明白果戈理的厉害了吧！"剧院里，施大作家笑问。

"嗯，这部戏的确讽刺性十足。果戈理用喜剧这面镜子照出了当时社会达官显贵们的丑恶原形，从而揭露了农奴制俄国社会的黑暗、腐朽和荒唐。"万卷书的见解颇为深刻。

"我最难忘的是这句话——自己的脸丑，为什么要怨镜子。真是太经典了！"万里路连连称赞。

"近来，果戈理正在创作一部新的长篇小说《死魂灵》。"施大作家总是先知先觉。

"听题目就感觉很不错！"这是万里路的直觉。

《死魂灵》讲述了一个诡计多端的投机家乞乞科夫的故事。他为了发财致富，在某市及其周围地主庄园，以贱价收购在农奴花名册上尚未注销的死农奴，并以移民为借口，向国家申请无主荒地，然后再将得到的土地和死农奴名单一同抵押给政府，从中渔利……当然，最后事情败露，他也只好逃之夭夭。"施大作家说。

"这么说，他是在发死人财喽。"万里路说。

"差不多，"施大作家回应，"这部作品的意义和价值，就在于对俄国封建农奴制度的无情揭露和批判。"

"好有深度啊！"万卷书难掩佩服，"果戈理是怎么做到的？"

"冰冻三尺非一日之寒。这当然与作家长期的积淀有关咯！"施大作家笑笑。

"介绍一下他的经验吧！"万卷书眨巴着一双大眼睛。

"首先当然是他的勤奋。"施大作家如数家珍，"他曾说过，写东西的人不能放下笔，就像画家不能放下画笔一样，每天必须得写点什么。要把手训练得完全听从思想。"

"这话讲得好！"万卷书感觉很有共鸣。

"其次，对作品精益求精。果戈理非常重视修改作品，总是不厌其烦地改动和充实仿佛已经写好的作品。尽管他的书稿付出了艰辛的劳动，但是一旦认为不合格，他便毫不犹豫地将其付之一炬。"施大作家说。

"啊，这么苛求自己！"万卷书简直不敢相信。

"同时，他也十分注重素材的积累。他有个习惯，不管在任何时候，任何地方，总是携带着纸和笔，以便随时记录所见所思所感。"施大作家接着说。

"这不正像我国古代诗人的诗筒嘛，有灵感了，就写几句放里头，以便日后取用或交流。"万卷书忽然忆起书中一个细节。

"哈哈，看来文人在学习方法上是相通的！"施大作家笑着走出了剧场。

名家卡片

尼古莱·瓦西里耶维奇·果戈理（1809 年～1852 年），19 世纪俄国批判现实主义文学的杰出代表和奠基人。他最著名的作品是《死魂灵》和《钦差大臣》。

19. 我所收获的，是我种下的

——走近狄更斯

"知道伦敦的别称吗？"行走在大街上，施大作家问兄妹俩。

"雾都。"万里路随口回答。

"为什么叫雾都呢？"施大作家追问。

"这……这……"万里路只知其一，不知其二。

"因为以前伦敦人大多使用煤作为家用燃料，产生大量烟雾，再加上市区潮湿多雾的气候，因此得名雾都。"施大作家耐心解释。

"我想起来了，好像有部作品叫《雾都孤儿》，讲的就是发生在这里的事吗？"万卷书若有所思。

"是的。这是一部伟大的社会小说，是杰出的语言大师狄更斯的作品。"施大作家说。

"书里都讲了什么呢？"万里路十分好奇。

　　"《雾都孤儿》以雾都伦敦为背景，讲述了一个孤儿悲惨的身世及遭遇。主人公奥立弗在孤儿院长大，经历学徒生涯，艰苦逃难，误入贼窝，又被迫与狠毒的凶徒为伍，历尽无数辛酸，最后在善良人的帮助下，查明身世并获得了幸福。"施大作家娓娓道来。

　　"以一个小孩子为主人公，这样的小说可不多，作者是出于什么考虑呢？"万里路有些不解。

　　"这个问题问得好。"施大作家竖起了大拇指，"这一切都与作者的童年经历有关。"

"这么说，狄更斯的童年经历很不一般？"万卷书猜测。

"准确地说，应该是很痛苦。"施大作家做了纠正，"狄更斯出生于一个贫穷的小职员家庭。在他 10 岁时，父亲因负债被关进债务监狱，全家一度住在监狱中。"

"监狱？"万里路脱口而出。

"对，你没听错。这样做仅仅是为了节省开支罢了。"施大作家说，"狄更斯为生活所迫，11 岁就进了一家鞋油厂当童工，粘贴商标，包装一瓶瓶的鞋油。"

"噢，这么辛苦。"万卷书低声说。

"这还不算什么。"施大作家叹了口气，"因为狄更斯干得很熟练，作坊主就叫他在橱窗里表演包装技术，做招揽生意的活广告，任人围观。这种侮辱、践踏人格的遭遇，在他幼小的心灵上留下了难以抚平的创伤。"

"这和他后来的创作一定有关系。"万卷书推断。

"正是，"施大作家说，"童年的生活对于一个人来说是至关重要的。不幸的童年经历，给他留下了永远不能抹去的伤痕。从此以后，他心灵深处产生了对于儿童的怜悯心，他深深地意识到：没有人比无依无靠的儿童更苦了。因此，他在后来的著作中总是表现出对儿童浓厚的爱怜之情……"

不知不觉，夜幕降临，三人也已来到了伦敦的闹市区。

"后面有人跟踪。"万里路感觉有些不对头。

"哦，是吗？"其余二人不约而同地向后转头。

果然，一位身材矮小的中年人正紧跟在他们身后，手上还拿着笔呢。

"您……您就是大作家狄更斯吧！"施大作家激动得都有些结巴了。

"正是本人。"中年人抱歉地一笑。

"您刚才跟着我们是干什么呢？"虽然有施大作家镇场，万里路还是觉得来者不善。

"噢，实在对不起！"狄更斯一脸诚恳，"我刚才是想记录一些行人的谈话，作为写作素材之用。不料侵犯了各位的隐私，多有冒犯，还望见谅。"

"原来如此！"三人恍然大悟。

"这样做真的对写作有帮助吗？"万卷书还是无法理解。

"那当然了。"狄更斯眼里满是兴奋，"写作最重要的是深入生活。我经常来这里观察过往的行人，或者记录别人无意间的谈话，这些都能为创作提供源源不断的素材。"

"那您每天都来吗？如果是刮风下雨的天气呢？"万里路问。

"刮风下雨天更好，"狄更斯面露微笑，"这样我就可以观察到坏天气里人们的表现了。这样的好事，怎么可以错过？"

"啊？"万里路瞪大了眼睛。

还没等兄妹俩回头神来，狄更斯已经消失在熙熙攘攘的人潮中，继续他的观察和记录了。

"如果有机会，你们一定要读读他写的《双城记》。"施大作家不无感慨地说。

"为什么？"万里路总想问个究竟。

"你听，作品一开始就很经典：这是最好的时代，这是最坏的时代；这是智慧的时代，这是愚蠢的时代；这是信仰的时期，这是怀疑的时期；这是光明的季节，这是黑暗的季节；这是希望之春，这是失望之冬；人们面前有着各样事物，人们面前一无所有；人们正在直登天堂，人们正在直下地狱。"施大作家对这段话几乎能倒背如流。

只是，不知兄妹俩能否真正理解其中的内涵。

名家卡片

查尔斯·狄更斯（1812年～1870年），19世纪英国批判现实主义小说家，被马克思、恩格斯誉为"时代的旗帜"。他的主要作品有《雾都孤儿》《双城记》等。

19. 美丽与哀愁

——走近夏洛蒂

英国北部约克郡的哈沃斯，几乎是一个与世隔绝的地方。

这里经常阴雨绵绵，或被大雾笼罩着，一年中的大部分时间都是阴冷、潮湿的。尤其是漫长的冬季，连续不断的大雪覆盖了小镇，整个哈沃斯仿佛进入了亘古的冬眠。

"这个地方好偏远啊！"万卷书不由感叹。

"您带我们来这里干什么呢？"万里路满是疑问。

"也许你们会觉得这里遥远而偏僻，但你们应该知道这里曾经走出了三个鼎鼎有名的女作家。勃朗特三姐妹正是在此写下了《简·爱》《呼啸山庄》和《艾格尼斯·格雷》。"施大作家眼里满是钦佩。

"原来如此。"万里路点点头，"您最喜欢哪一本呢？"

"我对姐姐夏洛蒂·勃朗特的《简·爱》印象比较深。"施大作家说，"在这部小说里，主人公简·爱的形象十分独特。她身材瘦小，相貌平常，既没有金钱，也没有地位，却有着不平凡的气质和丰富的感情世界。她始终恪守一个信念：追求人格上的平等。而她的追求与当时还处于以男权为中心并且等级森严的英国现实社会无疑是相悖的。

小说通过简·爱在里德太太家、劳沃德寄宿学校、桑菲尔德庄园和圣约翰家的经历，表现了她的女性自主意识和对传统世俗的反叛，具有鲜明的时代精神。《简·爱》几乎成了全世界女性必读的经典之作。"

正说着，三人来到了勃朗特三姐妹的家。长满紫红色石楠花与茅草的荒漠中，一座两层的青石瓦房，庄重而雅致。

"她们的生活好苦啊！"万里路被眼前的一幕惊呆了。

"1816 年，夏洛蒂就出生在这里。母亲不幸早逝，撇下她和嗷嗷待哺的两个妹妹艾米莉和安恩，还有一个弟弟。作为姐姐，她不得不过早地承担起维持家庭生计的一部分责任。除了洗衣、烧饭、缝缝补补外，还要拾柴、捡破烂，替富有人家带孩子。"施大作家示意兄妹俩坐到草地上。

"那她还有时间读书学习吗？"万卷书托着腮帮。

"夏洛蒂从小要强好胜，生活再艰苦再劳累，都不肯放弃学习。上不起学，就和弟妹们在家里跟父亲读书。迫于生活，夏洛蒂和妹妹当过家庭教师，办过寄宿学校。尽管成年累月在艰辛中谋生，她们却始终没有停止过写作尝试，都希望用笔敲开幸运之门。"

"成功总是属于努力的人。"万里路喃喃自语。

　　"事情并没有想象的那么顺利。"施大作家说，"20 岁那年，夏洛蒂怀着惴惴不安的心情，把自己认为最好的几首诗，寄给当时大名鼎鼎的桂冠诗人罗伯特·骚塞，希望能得到她所崇敬的文学前辈的指点、提携。她苦苦地等了几个月，直到第二年春天，才得到一封使她远不止失望的回信。"

　　"回信上都写了什么呢？"万卷书迫不及待。

　　"在信中，骚塞以傲慢的冷冰冰的口吻训诫她：放弃你可贵而徒劳的追求吧——文学，不是妇女的事业，而且也不应该是妇女的事业。"

　　"这可真是莫大的打击啊！"万卷书简直不敢相信自己听到的。

　　"然而，困难总是无法打败强者。夏洛蒂在一阵锥心的羞惭和痛苦中昂起头来，把这封浸透冷酷和偏见的信钉到床头，让它随时刺激、鞭打自己的灵魂。两个妹妹跟她一样被激怒了，发誓偏要在这个'不是妇女的事业'上闯出一条路来。"

"知耻而后勇！"万里路冷不丁冒出了一句经典。

"沉重的打击只能使弱者低头叹息。夏洛蒂和两个妹妹没有悲观退缩，没有失去自信心。经过慎重的反思、权衡，夏洛蒂劝妹妹们把创作着眼点转到小说上来。她说：'想来咱们的生活遭遇适宜用小说表现。不必再枉费心血去强摘诗的苦果子了，咱们改写小说！'于是三姐妹在荆棘丛中开拓新路，向小说领域驰骋神思妙笔。"

"这么说，简·爱的原型应该就是夏洛蒂本人了吧！"万卷书大胆猜测。

"是的。在她们身上，我们看到了美丽与哀愁，更看到了小草是如何成为大树的！"施大作家显然难以抑制内心的激动。

远处，哈沃斯荒原上的石楠花开得正艳。

名家卡片

夏洛蒂·勃朗特（1816 年～1855 年），19 世纪英国著名的现实主义女作家，活跃在英国文坛上的勃朗特三姐妹之一。《简·爱》是她的代表作。

20. 出淤泥而不染

——走近屠格涅夫

    茂密无边的松林，绿荫如盖的沙土小路，灌木丛生的桦树林……斯巴斯科耶 - 卢托维诺沃的一处庄园，简直是个世外桃源。

    "这就是当年屠格涅夫和母亲居住的庄园。在这里，屠格涅夫度过了最难忘的童年时光。"施大作家边走边说。

    "好的环境对成长很有帮助哟！"万卷书总是那么懂事。

    "对于屠格涅夫而言，这里的自然环境是很好，但是生活环境却并不理想。"施大作家说。

    "此话怎讲？"万里路问。

    "年幼的屠格涅夫喜欢在这个大园子里游荡，喜欢钻进枝繁叶茂的树林里读诗，庄园简直就是他的儿童乐园。"施大作家停了一会儿说，"但是，他有一个性情乖戾、激动易怒、心胸狭隘甚至残忍的母亲。"

    "啊，天底下竟有这样的母亲？"万卷书惊讶得嘴巴张成大大的 O 形。

　　"屠格涅夫的母亲是个女地主，贵族的偏见和恶习在她身上表现得十分突出。她很残酷，经常鞭打侮辱仆人，有时因为一个小小的过失就把农奴流放到西伯利亚去。这种性情也表现在对儿子的态度上。童年时代的屠格涅夫常常因为一些琐碎小事就受到惩罚，挨打成了再平常不过的事儿。"施大作家说。

　　"这对屠格涅夫的影响一定很大。"万卷书回应。

　　"没错，"施大作家叹了一口气，"屠格涅夫后来回忆说——在我生长的那个环境里，打人、拧人、拳头、耳光等，简直成了家常便饭。当然，也是从那时开始，屠格涅夫就产生了对农奴制度的憎恨情绪。"

　　"可真是不幸啊！"万里路用手拍着路边的一株松树。

　　"有一天，一位大作家到屠格涅夫家做客。屠格涅夫的母亲为了展现儿子的才能，便对儿子说：'快朗诵一则先生写的寓言。'屠格涅夫朗诵得很流利，也很动听。大作家很高兴，亲切地问：'你喜欢我的寓言故事吗？'你猜屠格涅夫怎么回答？"施大作家看了一眼兄妹俩。

　　二人摇摇头。

　　"屠格涅夫认真地回答：'喜欢。但是我更喜欢克雷洛夫的寓言。他写的寓言比你的更好！'"

　　"好尴尬啊！"万里路脱口而出。

　　"可是，大作家听了一点也没生气，反而从心里佩服这个孩子。但屠格涅夫的妈妈却急了，把儿子教训了一顿。"

"每个人都有表达自己观点的权利嘛，这个母亲也真是的。"
万里路嘀咕。

"这样的环境中都能长大成才，真是'出淤泥而不染'啊！"
万卷书引经据典。

"家庭观念的不同，从某个角度也催生他日后创作《父与子》。这部小说算得上是屠格涅夫的代表作，主题为反映父辈与子辈之间的冲突。"施大作家说。

"冲突主要体现在哪儿呢？"万里路问。

"主人公巴扎罗夫代表的是激进的平民知识分子，而巴威尔和尼古拉代表的则是保守的自由主义贵族。两代人之间就如何对待贵族文化遗产、艺术与科学、人的行为准则、道德标准、社会与教育、个人的社会责任等问题各抒己见，他们之间的分歧和对立反映了时代发展和社会进步是不可阻挡的历史趋势。"

"好棒，一定耗费了作家不少精力。"万里路听罢施大作家的话，不无感慨。

"是啊，勤奋出真知。屠格涅夫珍惜分分秒秒，他曾说过：明天，明天，还有明天，人们都在这样安慰自己，殊不知这个明天，就足以把他们送进坟墓。"施大作家说。

"就像《明日歌》中所言：明日复明日，明日何其多？我生待明日，万事成蹉跎。"万卷书不愧博闻强记。

  "成名后屠格涅夫不断提携热爱写作的年轻人。1852年秋天，他在打猎时无意间捡到一本皱巴巴的《现代人》杂志，随手翻了几页，竟被小说《童年》所吸引。作者是一个初出茅庐的无名小辈，但屠格涅夫却十分欣赏，钟爱有加，并鼓励他：如果能继续写下去，前途一定不可限量！"

  "后来呢？"万里路刨根问底。

  "年轻人本是因为生活的苦闷而信笔涂鸦，由于名家屠格涅夫的欣赏，竟一下子点燃心中的火焰找回了自信和人生的价值，于是一发不可收拾地写了下去，最终成为世界级的艺术家和思想家。知道他是谁吗？"

"谁？"二人齐刷刷地盯着施大作家。

"列夫·托尔斯泰。"

名家卡片

伊凡·谢尔盖耶维奇·屠格涅夫（1818年～1883年），19世纪俄国享有世界声誉的"现实主义艺术大师"。他的代表作有《猎人笔记》等。

21. 因为可爱才美丽

——走近托尔斯泰

湛蓝的湖水，金色的麦田，白得发亮的桦树干，一切都在无言地提示着阳光的明媚。

今天，三人要前往莫斯科以南约 200 公里处的"明媚的林间旷地"庄园。之所以叫此名字，是因为这个庄园位于一片浓密的树林里，晴朗日，只有这片土地才能得到太阳的恩泽。

路上，兄妹俩被一个钓鱼的老翁吸引住了。此翁技巧纯熟，没多久就钓上了满篓的鱼。

"哇——"万里路不住惊叹。

"这些鱼就送给你吧！"见万里路虎头虎脑的可爱样儿，老翁笑容慈祥。

万里路摇摇头。

"你为何不要？"

"我想要你手中的钓竿。

"你要钓竿做什么？"

"这篓鱼没多久就吃完了，要是我有钓竿，我就可以自己钓，一辈子也吃不完。"

"你会钓鱼吗？"

万里路又摇摇头。

老翁耐心地向万里路讲起了钓鱼的道理："你不懂钓鱼的技巧，光有钓竿是没用的，因为钓鱼重要的不在钓竿，而在钓技。"

老翁请三人到家中作客，兄妹俩这才明白，此人正是闻名遐迩的托尔斯泰。

"您给我讲钓鱼，更像是告诉我道理。"过了许久，万里路才有所感悟。

"你终于开悟了啊！"托尔斯泰笑声爽朗。

"能说说您的创作体会吗？"万卷书早就打开了记录用的笔记本。

"写作也好，生活也罢，不论做什么，首先都应该有目标。"托尔斯泰目光炯炯，"一辈子的目标，一段时期的目标，一个阶段的目标，一年的目标，一个月的目标，一个星期的目标，一天的目标，一个小时的目标，一分钟的目标。把这些想明白了，离成功也就不远了。"

"听说您很善于搜集资料。"万卷书希望对这一方面有更多了解。

"生活是写作的源泉。要想获得丰富的写作素材，不妨多多深入实际体验生活。"托尔斯泰点点头。

"能给我们讲些你亲身经历的事例吗？"万里路正襟危坐。

"我经常到公路上与碰见的农民、香客、流浪汉聊天，把他们的生活语言记录到小本子上。你要知道，跟庄稼汉交谈以后，自己写起来就会简洁、鲜明、富有语言之美。"托尔斯泰说。

"噢，是嘛！"万里路觉得十分新鲜。

"村里有一个最穷的农民，叫康斯坦丁，具有非凡的语言天赋。我常常向他朗读自己的作品，并请他按自己的理解，以他自己的方式绘声绘色地讲一遍。"

"这样做有什么好处吗？"

"每当他的讲述中出现一个生动的措辞，一个恰当的例子，或是换一个巧妙的说法，我就可以快速地记录下来，以便创作时使用。我的短篇小说《傻子伊凡》就是按照康斯坦丁的讲话发表的。"托尔斯泰不无骄傲地说。

"您对自己的作品满意吗？"万卷书想把自己满脑子的疑惑都倒出来。

"追求是无止境的，作品当然也是越改越好。"托尔斯泰回答，"我的很多作品，如《战争与和平》《安娜·卡列尼娜》以及《复活》等，都是经过反复修改而成。记得当年《战争与和平》交出版社排版后，我在校样上就反反复复修改了近 10 遍，弄得负责这本书的出版助手都不耐烦了。"

正说着，年轻的艺术家夏里亚宾和音乐家拉赫玛尼诺夫一起来看望托尔斯泰。托翁亲切地和他们——握手。许是拜访超级大作家的缘故，内向的夏里亚宾显得十分紧张。

"来一曲怎么样？"托尔斯泰请两人一起表演歌曲《老伍士》。

"好！"二人满口答应，但此时夏里亚宾更加紧张了，额头上都沁出了一层汗珠。

表演开始，托翁恰好坐在夏里亚宾的对面，两手插在短衫的皮腰带里。夏里亚宾有时无意中把目光投向托翁，发现托翁正兴致勃勃地盯着自己，注视着自己的眼睛和嘴巴。夏里亚宾含着泪水唱出将被枪毙的士兵最后一句话"愿上帝保佑你们回到家乡吧"时，众人似乎都注意到了一个感人的细节：托尔斯泰抽出手来擦去了流下的两滴眼泪。

"人并不是因为美丽才可爱，而是因为可爱才美丽。"那些汗牛充栋的颂歌，在这样一些细节面前轻如鸿毛。流着眼泪的托尔斯泰，是那样的充满温情。

名家卡片

列夫·尼古拉耶维奇·托尔斯泰（1828 年～ 1910 年），19 世纪末 20 世纪初俄国最伟大的文学家，也是世界文学史上最杰出的作家之一。他的代表作有《战争与和平》《安娜·卡列尼娜》《复活》等。

22. 与众不同的聚会
——走近福楼拜

　　每到星期天，法国大作家福楼拜家都会迎来不少客人，他们在这里举行与众不同的聚会——顶级的思想盛宴。

　　"我也想去看看！"万里路得知情况后兴奋极了。

　　"可以，但是不能打扰到大师们哟！"施大作家提醒。

　　来到门口，眼前的一幕让三人大为震惊：福楼拜竟然坐在门口痛哭流涕。

　　"出什么事了？"施大作家关切地问。

　　"包法利夫人死了！"福楼拜伤心地回答。

　　"你可以不让她死啊！"施大作家知道这是福楼拜创作的一部作品的主人公。

　　"不，她非死不可，她已经无法再活下去了！"福楼拜坚决地说，接着又哭去了。后来因为客人们陆续到来，福楼拜的情绪总算平复了一些。

　　屠格涅夫进门后，仰坐在一个沙发上，用一种轻轻的并有点犹豫的声调慢慢地讲着什么。

过了一会儿，都德也来了。他一来就谈起巴黎的事情，讲述着这个贪图享受、寻欢作乐并十分活跃和愉快的巴黎。他只用几句话，就勾画出某人滑稽的轮廓。

接着来的是左拉。他爬了六层楼的楼梯累得呼呼直喘。一进来就歪在一把沙发上，并开始用眼光从大家的脸上寻找谈话的气氛和观察每人的精神状态。他很少讲话，然而当一种文学热潮或一种艺术的陶醉使谈话者激动了起来，并把他们卷入一些富于想象的人所喜爱却又是极端荒谬、忘乎所以的学说中时，他就变得忧虑起来，晃动一下大腿，不时发出几声："可是……可是……"然而总是被别人的大笑声所淹没。

渐渐地，人越来越多，挤满了小客厅。新来的人只好到餐厅里去。福楼拜变得兴奋起来，做着大幅度的动作——就像他要飞起来似的，从这个人面前一步跨到那个人面前，带动得他的衣裤鼓起来，像一条渔船上的风帆。他时而激情满怀，时而义愤填膺。他激动起来未免逗人发笑，但激动后和蔼可亲的样子又使人心情愉快。尤其是他那惊人的记忆力和超人的博学多识往往使人惊叹不已。两分钟前，他只用一句很明了、很深刻的话就结束了一场辩论。

时间不早了，朋友们一个个陆续走了，只留下莫泊桑依然虚心地向他求教着。

"能说说您的写作经吗？"莫泊桑求知若渴。

"首先，写作离不开勤奋。我把每天的时间都安排得紧紧的，白天阅读文学名著，搜集写作素材；一到夜晚，就伏案创作。天才，无非是长久的忍耐。努力吧！"

莫泊桑点点头，继续听师傅传经送宝。

"其次，写作一定要善于观察。我的父亲是鲁昂立医院的外科医生，我的童年就是在父亲的医院度过的。医院环境培养了我细致观察与剖析事物的习惯。这对我的文学创作起到了很大的帮助。比如你站在家门口，观察大街上来来往往的马车，肯定会有很多发现。比如那富丽堂皇的马车，跟装饰简陋的马车是一样的走法吗？烈日炎炎下的马车是怎样走的？狂风暴雨中的马车是怎样走的？马车上坡时，马怎样用力？车下坡时，赶车人怎样吆喝？他的表情是什么样的？把一切都观察清楚了，写起来自然就会得心应手。"

见莫泊桑听得很认真，福楼拜继续说：

"最后，还要精心推敲语言。我们无论描写什么事物，要说明它，只有一个名词；要赋予它运动，只有一个动词；要区别它的性质，只有一个形容词。我们必须不断地推敲，直到获得这个名词、动词、形容词为止。不能老是满足于差不多，不能逃避困难，用类似的语句去敷衍了事。"

"噢，我明白了，你之所以每页文稿只写一行，其余九行都是空白，就是为了更好地修改啊！"莫泊桑豁然开朗。

"正是！"福楼拜微微一笑。"前段时间，为了构思一段五十行的描写我花费了两个多月，为了八行文字修改了三天。就在昨天，我用过早饭就开始工作，一直写到中午，只写了一个逗号。吃过午饭，又埋头工作了一下午。你猜我写了多少？"

莫泊桑摇摇头。

"我把早上那个逗号抹掉了。"福楼拜答道。

名家卡片

古斯塔夫·福楼拜（1821年～1880年），19世纪中期法国伟大的批判现实主义小说家，莫泊桑曾拜他为师。他的代表作品有《包法利夫人》等。

23. 昆虫世界的旅行

——走近法布尔

　　法国南部普罗旺斯圣莱昂的一个小镇，因为一座老旧民宅而出名。这座民宅有个古怪的名字"荒石园"，它的主人便是举世闻名的昆虫学家法布尔。

　　荒石园极其贫瘠，春天偶尔下场雨，地里长些青草出来，羊才会到这地方转悠几圈。

　　"您为什么选择待在这样的地方？"万里路很好奇。

　　"噢，你可别小看了这里。"法布尔笑笑，"这么一块地，并不算大，却自然天成。你看这地里长着百里香和薰衣草，这两种植物可以为膜翅目昆虫提供花蜜美食。"

　　"啊，原来您选这里是为了养昆虫呀。"万卷书差点尖叫起来。

　　"怎么能叫养呢，它们本来就是这里的居民。"法布尔纠正道，"你们要是夏天来这里，会觉得更神奇。夏天一到，火辣辣的太阳会将这里炙烤成一片荒芜，划根火柴就能造成满园大火。

可这里是蜂类的天堂。这些长势茂盛的多刺植物，把周围的蜂类都吸引过来。从没有谁能指望在一个地点找到如此众多的膜翅目种类。它们当中有捕食活虫的猎人，有利用湿土造巢的砖瓦匠，有梳理绒絮的裁缝，有给木头钻眼的木工，有打地道的矿工……"

看着眉飞色舞、侃侃而谈的法布尔，兄妹俩感觉只有听的分儿了。

"走，我带你们到附近走走。"法布尔挥手示意。

"嚁嚁——"不知从哪儿传来一阵蟋蟀的叫声，兄妹俩不由停下了脚步。

"怎么样，好听吗？"法布尔笑问。

"嗯，感觉它们在唱歌呢！"万里路回答。

"说对了，蟋蟀可是天生的歌唱家。不过，你们一定不知道，它还是一个顶级的建筑师呢！"说着，法布尔扒开了一处草丛。

"别的昆虫大多在临时的隐蔽所藏身。它们的隐蔽所得来不费工夫，弃去毫不可惜。蟋蟀和它们不同，不肯随遇而安。它常常慎重地选择住址，一定要排水优良，并且有温和的阳光。它不利用现成的洞穴，它舒服的住宅是自己一点一点挖掘的，从大厅一直到卧室。"法布尔神采飞扬，引导兄妹俩观察起蟋蟀的住宅来。

青草丛中隐藏着一条倾斜的隧道，顺着地势弯弯曲曲，最多不过九寸深，一指宽，这便是蟋蟀的家了。

"可是蟋蟀怎么会有建筑住宅的才能呢？它有特别好的工具吗？"万卷书边观察边问。

"哈，这你就不懂了吧！"法布尔两眼放光，"蟋蟀并不是挖掘技术的专家，它的工具也很柔弱，但是劳动成果却常常让人感到惊奇。蟋蟀盖房子大多是在十月，秋天初寒的时候。它用前足扒土，还用钳子搬掉较大的土块。它用强有力的后足踏地。后腿上有两排锯，用它将泥土推到后面，倾斜地铺开。"

"这么干活，它不累吗？"万卷书天真地问。

"它钻到土底下干活，当然会感到疲劳。每当这时，它就会在未完工的家门口休息一会儿，头朝着外面，触须轻微地摆动。

不大一会儿，它又进去继续工作。"法布尔巴不得把自己多年观察的发现一股脑儿全说出来。

同样是蟋蟀，我们在琢磨它们怎么打斗，而眼前这位个头不高的法国人却能研究出这么多学问来，一旁见多识广的施大作家也暗暗佩服。

"吱呀——"正在这时，眼前飞过一只奇特的昆虫。只见它身披黑色外套，外套闪着金属的光泽，上面还点缀着一些白色斑点。

"你们看，这就是松树金龟子。"法布尔兴奋地喊道。

"它也爱唱歌？"万里路问。

"不不不，它可不像蟋蟀，"法布尔解释，"不过要让金龟子唱也不难，只要抓在手里，摸摸捏捏，它就会唱起来。一直唱到你不再去冒犯它。不过，那声音听起来不像是唱歌，倒更像是抱怨声，对命运的抗议声。说来奇怪，在金龟子的世界里，歌声是用来表达痛苦的，而沉默则是欢乐的标志。"

"那刚才这只金龟子肯定遇到了什么不开心的事儿了吧！"万卷书询问。

"也许是我们侵犯了它的领地喽！"法布尔调皮地做了个鬼脸。

告别的时候，法布尔赠送给万里路兄妹两张水彩画片，一张樵叶蜂，一张红纹沫蝉。画上的昆虫栩栩如生，仿佛一碰就能飞起来。

"没有哪位昆虫学家具备如此高明的文学表达才能，没有哪位作家具备如此博大精深的昆虫学造诣。法布尔注定是一个前无古人、后无来者的奇迹！"

　　听着施大作家的话，再看着眼前精美的画片，兄妹俩久久沉浸在昆虫的世界中。

名家卡片

　　让－亨利·卡西米尔·法布尔（1823年～1915年），法国著名昆虫学家、文学家。被世人称为"昆虫界的荷马"，著有《昆虫记》等。

24. 现代戏剧之父

——走近易卜生

"在欧洲，有三个戏剧高峰，其创造者分别是莎士比亚、莫里哀和易卜生。"施大作家说。

"前两位我们都见过了，我们今天要去拜访易卜生吗？"万里路向来机灵。

"不知是否有机会见到他本人，但是，一定可以欣赏到他的戏剧作品。今天可是《玩偶之家》首次公演的日子。"

伴着如潮的人流，三人走进了丹麦哥本哈根皇家剧院。

演出还没正式开始，闲着无聊，万里路就叽里呱啦地问开了："易卜生是丹麦人吗？"

"不，他是挪威人。"施大作家纠正道，"那里的生活对他后来的创作影响极大。"施大作家说，"小时候，他路过一个塔楼高耸、气势雄伟的大教堂，被深深震撼，就吵着要陪伴他的女仆带他一起登上塔楼看风景。当他从高空看到自家的房子、广场的车马以及只有玩具一般大小的行人时，兴奋得拍手欢呼起来。这一刻，从高空看世界的感觉，似乎影响着他的一生。"

"我很奇怪，就那么一次高空俯视，怎么会影响一个人的一生？"万卷书十分不解。

"你要知道，看世界的角度不同，生活的领悟自然不同。有人看到高山，感叹自己的渺小；有人看到流水，感叹生命的短暂。也许，正是那一次的鸟瞰，让他对生命有了顿悟，以致他在《在高原》一诗这样写道：我从高处看人群，看清了他们的真正本性。"施大作家语调轻缓。

兄妹俩沉浸在思考之中。

"哦，忘了告诉你们，这个剧作家还有个怪癖呢！"施大作家补充道。

"什么怪癖？"万里路回过神来。

"他爱养蝎子。"

"啊？"万卷书惊悚万分。

"他曾把一只蝎子装在啤酒瓶内，放在房间写字台上，每天看着。不久，蝎子因饥饿生病了，无精打采，最后奄奄一息。这时易卜生就放进去一片水果，看着它贪婪地吃着，很快恢复了健康，又活跃起来，在瓶子里乱爬。"

"咦，好可怕啊！"向来胆大的万里路也感觉到毛骨悚然。

"别担心，正是这小小的蝎子，给了易卜生勇气和力量！"

"这又是为何？"万里路一头雾水。

　　"易卜生认为，自己就像被装进瓶里的蝎子一样遭受不幸，挨饿且四处碰壁，但他并不屈服，仍然顽强地进行斗争。"

　　"原来如此！"万卷书悬着的心总算放了下来，"今天的剧作也在体现这个主题吗？"

　　"看看就知道喽！"

　　正说着，大幕徐徐拉开，舞台上出现的是挪威首都奥斯陆一个银行经理海尔茂的家。快到圣诞节了，圣诞树送回来了，这个家庭多么温馨啊！

　　然而，随着剧情的推进，情况已悄然发生变化，海尔茂得了病。女主人公娜拉伪造父亲的签字向人借钱，为丈夫海尔茂医病。丈夫了解原委后，生怕因此影响自己的名誉地位，怒斥妻子无耻。当债主在娜拉女友的感化下主动退回借据时，海尔茂又对妻子装出一副笑脸。娜拉看透了丈夫的自私和夫妻间的不平等，不甘心做丈夫的玩偶，愤然出走……

"感觉好像关汉卿笔下的窦娥。"万卷书不由展开了联想。

"易卜生笔下的娜拉可是一个觉醒的女性啊！这部戏最经典的地方，就在于没有交代结果。你们觉得娜拉出走以后，会发生什么呢？"施大作家问。

"也许她会走向堕落吧！"万里路大胆断言。

"也许她还会回来的。"万卷书推测。

"你们就没想过娜拉会过上理想中的新生活吗？"施大作家笑着说，兄妹二人也跟着笑了起来。

名家卡片

亨里克·约翰·易卜生（1828 年 ~ 1906 年），生于挪威希恩，是一位影响深远的挪威剧作家，被称为"现代戏剧之父"。他的代表作有《玩偶之家》等。

25. 赤子顽童，幽默大师

——走近马克·吐温

美国纽约市的伍德劳恩墓园里，长眠着美国著名的小说家马克·吐温。3米多高的大理石纪念碑巍然矗立，上面嵌有马克·吐温铜质肖像浮雕。

"你们知道马克·吐温的临终遗言是什么吗？"施大作家伫立墓碑前。

"这……这还真不知道。"万里路憨憨地笑。

"说出来你们肯定会觉得不可思议，"施大作家不再卖关子，"他临死时向床边一群与他告别的人说了这样一句话：再见，我们很快还会相逢呀！"

"这话一定会让他的亲朋好友目瞪口呆、哭笑不得吧！"万里路推断。

"那可未必，身边的人早已经知道他就是这样一个幽默的人哟！"施大作家说，"今天，我们不妨回忆他人生的一些幽默片段，借此缅怀这位大师。"

"我知道有一年的愚人节，有人为了戏弄马克·吐温，在纽约的一家报纸上报道说他死了。结果，马克·吐温的亲戚朋友从全国各地纷纷赶来吊丧。当他们来到马克·吐温家的时候，只见马克·吐温正坐在桌前写作。亲戚朋友们先是一惊，接着都齐声谴责那家造谣的报纸。谁知马克·吐温毫无怒色，幽默地说：报道我死是千真万确的，不过把日期提前了一些。"万卷书口齿伶俐。

"他与一个贵妇的谈话也很有意思，"万里路接着说，"一次马克·吐温应邀赴宴。席间，他对一位贵妇说：'夫人，你太美丽了！'不料那妇人却说：'先生，可是遗憾得很，我不能用同样的话回答你。'头脑灵敏、言辞犀利的马克·吐温笑着回答：'那没关系，你也可以像我一样说假话。'这回答真是太经典了！"

"看来你们知道的还真不少！"施大作家给兄妹俩投去赞许的目光。

"好像还有一个青年向他请教的故事，具体我记不太清楚了。"万里路搜肠刮肚了一番。

"对，"施大作家可是了如指掌，"那个故事是这样的：马克·吐温收到一封信。这是一位青年写来的，他想向马克·吐温请教成为大作家的诀窍。信中说：'听说鱼含大量的磷脂，而磷脂是有利于脑子的。看来要成为一个大作家，一定要吃很多鱼。但不知道你究竟吃的什么鱼，又吃了多少呢？'你们猜马克·吐温如何回答？"

"噢，我想起来了！"万里路一拍大腿，"他回信给那个年轻人说：看来，你应该吃一条鲸鱼才行！"

"我觉得他与雄辩家的故事最为经典，"万卷书回忆，"马克·吐温与一位雄辩家应邀参加同一晚宴。席上演讲开始了，那位雄辩家滔滔不绝、情感丰富地讲了 20 分钟，赢得了一片热烈的掌声。轮到马克·吐温演讲了，他站起来，面有难色地说："诸位，实在抱歉，会前琼西·M·得彪先生约我互换演讲稿，所以诸位刚才听到的是我的演讲，衷心感谢诸位认真的倾听及热情的捧场。然而，不知何故，我找不到琼西·M·得彪先生的讲稿，因此我无法替他讲了。请诸位原谅我坐下。"

"真是太有智慧了！"涉猎广博的施大作家也是第一次听到这个故事。

"马克·吐温如此幽默，他的作品中也有这样的元素吗？"

"当然有啦。他的代表作《百万英镑》《哈克贝利·费恩历险记》与《汤姆·索亚历险记》等我们暂且不提，就是那些短篇当中，也尽是幽默呢！"施大作家回答了万里路的提问。

"哦，请说几篇听听。"

"比如有一篇叫《火车上人吃人纪闻》。"施大作家说，"这个短篇借一位患偏执狂的前国会议员之口，讲了个怪诞的故事：在一列被困于暴风雪的火车上，人们为了解除饥饿，以代议制选举的程序，陆续选出并吃掉了若干位车上的乘客，以此度过死亡危机。故事的幽默感来自吃人事实的惊悚残酷、投票程序的煞有介事和食客口感评论的冷漠挑剔，直至小说结尾，包袱抖出，读者的忧虑始被化解。然作品对人性之恶、政客之鄙与选举政治之弊的讥刺与批评力度，并未因此而稍减，反倒得以奇妙地加强。"

"还有吗，赶快说来听听！"万里路意犹未尽。

"那就再说说他的《一个奇怪的梦》吧，"施大作家说，"这个故事荒诞恐怖，用忆梦的形式写墓地里死尸的各种遭遇，讽刺世态炎凉，即使死去也并不安宁，实际上喻指人间俗世。"

"看来马克·吐温的幽默其实是一种辛辣的讽刺啊！"万卷

书似乎有了什么发现。

"的确，"施大作家表示认同，"领悟到了这一点，你一定就会明白他为什么说'幽默是一股拯救的力量'了！"

名家卡片

马克·吐温（1835年~1910年），美国著名的小说家、幽默大师。他的代表作品有《百万英镑》《哈克贝利·费恩历险记》《汤姆·索亚历险记》等。

26. 短篇小说巨匠
——走近莫泊桑

"这天都快黑了，我们为什么还出门啊？"万里路一肚子牢骚。

"今天，要带你们参加梅塘之夜噢！"施大作家笑笑。

"梅塘之夜，不会是个舞会吧？"

"当然不是咯，是一个文人的聚会。"

"都聚些什么啊？有没有松露、肥鹅肝和鱼子酱？"万里路显然垂涎于法国美食。

"你啊，就知道吃！"施大作家嗔怪道，"去了你就知道了。"

美妙的夏夜，明月当空。空气中充满了树叶的馨香。法国著名作家左拉带着朋友和弟子到梅塘别墅的对面散步。

左拉弟子赛阿尔凝视着皎洁的明月，喃喃自语："这是多美的一幅浪漫主义的背景啊，应该把它用上——"

"在讲情意绵绵的故事的时候。"赛阿尔话音未落，依思曼添上一句。

"这是个出色的想法，我们每个人都应该讲一个故事！"一个念头在左拉的脑海里油然而生。

这个提议获得了一致赞同，并达成协定：为增加一些困难，第一个讲故事人所选择的题材范围，其他人都必须保留，在它的背景上，再分别铺开不同的复杂离奇的情节。

沉沉入睡的田野，一片恬静。依稀的月光中，作为东道主的左拉开讲："故事发生在罗克柳斯村一所古老的磨坊里。在全军崩溃后，有一支小小的法国支队奉命在此狙击敌人。整整一天，猛烈的枪声没有停止过，法军士兵步步为营，寸土不让，一直坚持到最后一分钟。密集的子弹把磨坊打得百孔千疮，热血染遍了每一片砖瓦。到完成任务撤退时，只有队长和 4 名战士幸存生命……"

左拉讲完"磨坊之役"后，轮到一个浓眉大眼的先生来讲。"我想通过这个故事再现普法战争中的一个片断。主人公是一个被社会唾弃的妓女羊脂球。当国家遭受普鲁士军队蹂躏之时，她和全体法国人民一起，进行着不屈不挠的斗争。对于普鲁士军官的无耻追逐和占有欲望，她义正词严地予以拒绝。她绝不愿向侵略者出卖自己的肉体，更不愿出卖自己的灵魂。与具有崇高爱国心的羊脂球相对照，她周围那些道貌岸然的'正人君子'，那些有钱的资产阶级、高贵的伯爵和伪共和主义者们显得多么卑鄙无耻！"

接下来，另外的 4 位小说家也分别讲述了自己的故事，情节都是荒诞可笑的。

"你们最喜欢谁的故事啊？"离开梅塘的路上，施大作家笑着问。

"我喜欢第一个，感觉特别振奋人心。"万里路抢先回答。

"我最喜欢第二位先生讲的故事，他把社会的假恶丑无情地揭露了出来！"万卷书回答。

"有眼光！"施大作家连声赞叹，"知道这第二位先生的名字吗？"

万卷书摇摇头。

"他叫莫泊桑，你们听到的这个故事，就以主人公的名字命名，叫'羊脂球'。"施大作家耐心回答。

"噢，想起来了，就是向福楼拜学写作的那位。"万里路眼前一亮。

"Yes！"施大作家笑笑，"正像中国古话所说的，三人行必有我师，弟子不必不如师，师不必贤于弟子啊！"

"莫泊桑还有哪些作品呢？"万卷书问。

"《羊脂球》是一个中篇，他把精力主要集中到短篇小说的创作中。"施大作家与顶级文豪始终保持着密切联系。

"短篇小说应该会比中篇和长篇小说简单些吧！"万里路想当然。

"不不不，"施大作家不住摇头，"评价文章不能只看长短。短篇小说虽然篇幅不长，但是要做到以小见大，很不容易。"

"你比较欣赏他的哪部短篇呢？"万里路问。

"《项链》，"施大作家说，"这个短篇写小公务员的妻子玛蒂尔特为了在舞会上出风头，不仅花费了丈夫辛辛苦苦积攒下来的 400 法郎，做了一件衣服，还丢失了借来的一串钻石项链，为此竟付出了 10 年辛苦劳动和节衣缩食的代价。最后她得知所借的原是一串假钻石项链，几乎都崩溃了。"

"这结局真让人意想不到啊！对于那些爱慕虚荣的人，这样的文章特别有讽刺意义。"万卷书分析道。

"对，他的短篇小说就是这么耐人寻味而又出其不意。"施大作家说。

"能再给我们推荐一篇吗？"万里路被迷住了。

"再比如《我的叔叔于勒》。"施大作家说，"故事讲了年轻的浪荡子于勒成了全家的'灾星'，后被送到美洲谋生。于勒哥哥一家朝思暮想在国外发了财的于勒衣锦还乡，但在一次旅行中，意外在船上发现了卖牡蛎的穷老头就是于勒时，竟然拒绝相认。"

"好无情！"万里路一声长叹，"该是多有天赋的作家才能构思出这样巧妙的文章啊！"

"天赋？未必。"施大作家摆摆手，"成功没有捷径。就像莫泊桑所说的——天赋不过是不断地思索，凡是有脑子的人，都有天赋。"

名家卡片

居伊·德·莫泊桑（1850 年~1893 年），19 世纪后半期法国优秀的批判现实主义作家，与契诃夫和欧·亨利并称为"世界三大短篇小说家"。《羊脂球》是他的代表作。

27. 巨人的花园
——走近王尔德

得知英国唯美主义艺术运动的倡导者王尔德将越过大西洋，远赴美国演讲，机不可失，施大作家一行三人也动身前往聆听。

"王尔德先生，你喜欢些什么？"一位记者有些傲慢。

"我喜欢的东西不胜枚举，所以你应当问我不喜欢什么。"

"好吧，那么你不喜欢什么呢？"

"我不喜欢你这样问我！"

记者一下子尴尬得不知如何是好。这时，另一位记者又用挑衅的口吻问："王尔德先生，你是一个唯美主义者，那么你自认为完美吗？"

"我不完美，我也是有缺陷的人。我的缺陷是什么呢？我的缺陷就是我不知道自己的缺陷是什么。"王尔德谦虚地说。

虽然只是与记者几个回合的交锋，却让万里路兄妹感受到了一个与众不同的作家形象。在聆听完精彩的演讲后，二人决定好好向王尔德请教一番。

"王尔德先生，请问您认为生活中什么最重要？"万里路问。

万卷书心里暗想，王尔德先生该会这样回答：我认为重要的东西不胜枚举，所以你应当问我不重要的有什么。

完全出乎意料，王尔德颇为神秘地说："我带你们去一个地方，也许，那里有答案。"

温暖的春天，整个乡村到处开放着小花，处处有小鸟在欢唱。然而有一处花园却依旧是一片寒冬景象。雪用她那巨大的白色斗篷把草地盖得严严实实，霜也让所有的树木披上夹衣，随后他们还唤来北风同住。北风应邀而至，穿一身毛皮大衣，他对着花园呼啸了整整一天，把烟囱管帽也给吹掉了。显然，春天已忘记了这座花园。

"这……这里怎么会这样？"万里路惊得结结巴巴。

"这是一个巨人的花园。"王尔德说，"这原本是一个很可爱的大花园，长满了绿油油的青草，美丽的鲜花随处可见，多得像天上的星星。草地上还长着十二棵桃树，一到春天就开出粉扑扑的团团花朵，秋天里则结下累累果实。栖息在树枝上的鸟儿唱着欢乐的曲子，每当这时，嬉戏中的孩子们会停下来侧耳聆听鸟儿的鸣唱，并相互高声喊着：我们多么快乐啊！"

"可花园为什么会变成这样了呢？"万卷书皱起了眉头。

"那是因为主人的一个改变。"王尔德说，"巨人去妖怪朋友科尼西家串门回来后，就不允许孩子们来自己的花园玩耍了。

还沿着花园筑起一堵高高的围墙，挂出一块告示：闲人莫入，违者重罚。"

"巨人变得自私了。"万里路轻声说。

"是啊，"王尔德的话里透着悲凉，"由于看不见孩子们，小鸟便无心唱歌，树儿也忘了开花。有一朵花儿从草中探出头来，看见那块告示后，它对孩子们的遭遇深感同情，于是又把头缩回去，继续睡觉了。只有雪、霜还有北风和冰雹对此乐此可疲。"

"那……那要等到什么时候，花园才会美丽如初啊？"万卷书满心担忧。

"每个圣人都有过去，每个罪人都有未来。"王尔德说。

话音刚落，耳畔传来一阵美妙的音乐，是窗外一只小红雀在唱歌。巨人好长时间没听到鸟儿在花园中歌唱，感到它妙不可言。

更为神奇的是，此刻，巨人头顶上的冰雹已不再狂舞，北风也停止了呼啸，缕缕芳香透过敞开的窗廊扑面而来。"我相信春天终于来到了！"巨人说着，从床上跳起来，朝窗外望去。他看见了一幕动人的景象：孩子们爬过墙上的小洞进了花园，正坐在树枝上，每棵树上都坐着一个孩子。迎来了孩子的树木欣喜若狂，用鲜花把自己打扮一新，还挥动手臂轻轻抚摸孩子们的头。鸟儿们在树梢翩翩起舞，兴奋地欢唱着，花朵也纷纷从草地里伸出头来露着笑脸。

可是，满园春色中还有一个角落仍笼罩在严冬之中。那是花园中最远的一个角落，一个小男孩正孤零零地站在那儿。因为他个头太小爬不上树，只能围着树转来转去，哭泣着不知所措。那棵可怜的树仍被霜雪裹得严严实实的，北风也对它肆意地咆哮着。"快爬上来呀，小孩子！"树儿说，并尽可能地垂下枝条，可是小孩还是太矮小了。

此情此景深深地感化了巨人的心，他为自己过去的所作所为感到羞愧。"我真是太自私了！"他说，"现在我明白为什么春天不肯到我这儿来了。我要把那可怜的孩子抱上树，然后再把围墙都推倒，让我的花园永远成为孩子们的游戏场所⋯⋯"

热爱写作，先从热爱生活，热爱身边的每一个人开始。也许，这是兄妹俩此次跟随王尔德童话之行得到的最大感悟。

名家卡片

奥斯卡·王尔德（1854年～1900年），英国唯美主义艺术运动的倡导者，著名的作家、诗人、戏剧家，其代表作品有《道林·格雷的画像》等。

29. 长寿的秘密

——走近萧伯纳

得知著名作家萧伯纳90多岁了依然精神矍铄，施大作家一行三人决定前往拜访。

"萧伯纳先生都写了哪些作品呢？"路上，万里路显得有些兴奋。

"《华伦夫人的职业》《匹克梅梁》是他的代表作。他可是英国现代杰出的现实主义戏剧作家，1925年曾荣获诺贝尔文学奖呢！"施大作家介绍道。

一听到"诺贝尔文学奖"，万里路两眼放光，对接下来的拜见更加期待。

"感谢您在百忙之中接待我们！"落座后，施大作家真诚致谢。

"能和你们交流我也很高兴啊！"萧伯纳笑声爽朗，"如果你有一个苹果，我有一个苹果，彼此交换，我们每个人仍只有一个苹果；如果你有一种思想，我有一种思想，彼此交换，我们每个人就有了两种思想。"

"我们今天主要是向您学习的。"万里路一副机灵样。

"噢，向我学什么呢？"萧伯纳面容和蔼。

"我……我的意思是说，您在写作上这么成功，而且这么健康长寿，您是怎么做到的？"万里路感觉自己的话有些唐突。

"哈哈，这我倒有些心得！"萧伯纳说，"生命在于运动。保持良好身体状态的第一点就是要经常参加体育锻炼。我喜欢的体育项目很多，游泳、划船、爬山、打网球、骑单车、跑步、骑马、日光浴、冷水浴、体操等。噢，差点忘了，拳击也是我的爱好。"

"拳击？"万里路惊得差点说不出话来。

"对，你没听错，是拳击。"萧伯纳手抚长须，"这第二点嘛，就是尽量做到简朴。我比较喜欢素食，早餐晚餐多半是可可茶、黑面包、通心粉、小扁豆、鸡蛋和一定数量的生菜。至于酒嘛，能离多远是多远。"

一听到"酒"这个字，施大作家眼里闪过一丝亢奋。还好掩饰得好，不然难免尴尬。

"据我所知，好多著名作家只要灵感附体，都是夜以继日地创作。您是否也是这样呢？"万卷书问。

"任何人做任何事，要想成功，都必须勤奋，作家也不例外。但我比较注重生活规律与工作节制。我每天很早起床，到郊外跑步、骑自行车。为了保持身体的健康，规定自己每天写作最多 20 页文稿，并规定一段时间就出去游一次泳，或是散步、骑自行车，绝不因为贪多而过分疲劳，影响身心的健康。这样劳逸结合，现在到了这个年龄，我依然精力充沛，文思如泉涌。"

"的确，有规律的生活实在太重要了。"施大作家连连点头。

"当然，保持心态良好也十分关键。我要和你们分享的最后一点就是——把幽默当作生活的调味剂。"萧伯纳说。

"您身上的幽默故事足以装满一大箩筐了，给孩子们讲几次印象深刻的吧！"施大作家提议。

"一位著名女舞蹈家曾给我写了一封热情洋溢的信，信中说：如果我俩结婚，将来生个孩子，有你那样的智慧和我这样的外貌，该是多么美妙啊！我就给她回信：要是那个孩子只有我这样的外貌和你那样的智慧，那岂不糟透了。"

"扑哧——"听了萧伯纳的话，一向文静的万卷书也忍不住笑出声来，期待听到更有趣的。

"这天，一位年过半百的贵妇问我：您看我有多大年纪？我一本正经地对她说：看您晶莹的牙齿，像 18 岁；看您蓬松的卷发，有 19 岁；看您扭捏的腰肢，顶多 14 岁。她一听，高兴得差点跳了起来，就问我能否准确地说出她的年龄。我大声告诉她：请把我刚才说的三个数字加起来！"

"您这也太损了吧，不怕伤到人家的自尊心吗？"万里路差点惊呆了。

"我这叫实话实说，她实际年龄也是 50 多岁啊！"萧伯纳一副老顽童的样子。

"听说您憎恨那些唯利是图、为富不仁的资本家，也经常以幽默的方式讽刺他们。"施大作家气定神闲。

"那是因为他们不懂得尊重人。我之所以这么做，用你们中国人的话来说，就叫以牙还牙。"萧伯纳义愤填膺，"有一次，一个大腹便便的商人见我身材瘦削，奚落我说：看见你，就知道世界上正在闹饥荒。我就回敬了他一句：人们看见你，就知道闹饥荒的原因了。"

"您这是在讽刺他们的奸诈贪婪吧！"万里路笑着问。

"正是！"萧伯纳回答，"我要大家知道，世界上正在闹的饥荒正是由于资本家的贪婪和剥削引起的。"

"哇，真是太机智了！"万里路拍手叫好。

"幽默是一种生活方式。幽默的人，能看透一切生活的痛苦。我甚至连墓碑铭文都提前写好了呢！"

"是什么？"三人纳闷。

"我早就知道无论我活多久，这种事情是一定会发生的。"

名家卡片

萧伯纳（1856 年～1950 年），爱尔兰剧作家、评论家，现代杰出的现实主义戏剧作家，世界著名的擅长幽默与讽刺的语言大师。他的代表作品有《华伦夫人的职业》等。

29. 小文章，大智慧

——走近契诃夫

车子在莫斯科往乡村的道路上奔驰。车内旅行的人们，谈笑风生，心情飞扬。

一个戴着金丝眼镜、教授模样的男子手拿一盒火柴，从中抽出一根，划着点燃了。火焰闪动，青烟升腾。众人以为他要抽烟，有女士甚至用手捂住了口鼻。

等火柴灭了，只见那位先生拿起黑色的火柴头，开始在纸上写着什么。周围的人这才明白，原来先生是把火柴杆当成笔写字呢。

"您为什么用火柴杆写字啊？"有个青年人好奇地问。

"我这不是找不到笔吗？"先生投来一个善意的微笑。

"那您可以回去后再写啊？"

"不不不，那可不行！"先生摆摆手，"你知道吗，我刚才听大家闲聊的时候，听到了一句非常优美的话，我得赶紧把它记下来，免得它像精灵一样溜走了。"

　　"如果我没猜错的话，您一定就是那位大名鼎鼎的作家契诃夫先生吧！"青年人神色变得激动起来。

　　"正是。"

　　"太好了，我刚才还不敢确定呢！"青年人几乎都快喊出来了，"我正在学写作，可是老是写不好，您能教教我吗？"

　　"噢，说说遇到什么困难了。"

　　"我文笔和思想的表达常常相悖，言不达意，我快崩溃了。"

　　众人听了，心想契诃夫该是会安慰一番，谁料他吃惊地说："刚开始写得差，这是好事啊！"

　　"好事？"青年人很纳闷，众人也甚是不解。

　　"当然是好事。你得先明白，如果初拿笔的作家一下子就写得顺顺当当，那么他就完了，他在写作上是没有什么前途的。"

　　"嗯……"青年人若有所思地点点头。

偶遇世界级的大作家，这可是千载难逢的机会。施大作家也示意万里路兄妹俩赶紧请教。

"尊敬的契诃夫先生，我想请教您一个问题：文章老是写不长怎么办？"万里路一直为此伤脑筋。

"判断文章好坏可不能简单地以长短来论，关键要看能不能表达自己的思想。"契诃夫神采奕奕，"比起大文章来，小作品矫揉造作少，也比较容易获得成功。记得初学写作时，我给彼得堡一家叫《花絮》的幽默周刊整整写了五年小文章。"

"我也有个问题想请教您。"万卷书见缝插针，"我们在六年级的时候，学过您写的《凡卡》。我总在想：你为什么能把凡卡这个人物写得这么牵动人心呢？"

"一切都来源于生活罢了，"契诃夫说，"小时候，我的父亲是个小杂货铺的老板。放学以后，我总会被父亲硬逼着到铺子里去做生意。那儿有两个小学徒。冬天，他们缩起脖子，手冻僵了，鼻子冻红了，便不断地用一条腿碰另一条腿来取暖。我亲眼看到父亲常常虐待这两个可怜的小学徒。我同情他们的遭遇，写了《凡卡》这篇小说，想把黑暗社会的罪恶揭露出来。"

"您同情凡卡，让饱受折磨的凡卡给疼爱他的爷爷写了封信，为什么不写明地址呢？"万卷书问。

"就算写明了住址，爷爷收到了信，又会怎么样呢？"契诃夫眼里闪过一丝无奈，"爷爷自己也是一个被压迫者，没有力量救他；就算接他回来，也养不活他。这样，他势必被送到另一处去做学徒，他仍旧得受苦，只是换个地方罢了。只有制度变了，新社会来了，凡卡以及千千万万的被压迫者才能抬起头来。"

"我明白了，"万卷书恍然大悟，"您尽管同情凡卡，却不让凡卡有圆满的结局，是为了更深切地表现凡卡的走投无路和他苦难的深重，使读者能清醒地认识到旧制度所造成的罪恶。"

契诃夫点点头，表示认同。

"我也很喜欢您的作品，"一旁的施大作家也忍不住搭起话来，"尤其是您写的《变色龙》和《套中人》，最为经典。前者成为见风使舵、善于变相、投机钻营者的代名词，后者成为因循守旧、畏首畏尾、害怕变革者的符号象征。"

"文字也是有力量的。"契诃夫缓缓地说，"我本学医出身，曾在莫斯科附近的一个小镇当过一年医生，后来改行写了小说。有时我感觉手中的笔，就像一把手术刀，能解剖出一个时代的压抑和腐朽来……"

名家卡片

安东·巴甫洛维奇·契诃夫（1860年～1904年），俄国小说家、戏剧家，俄国19世纪末期最后一位批判现实主义艺术大师。代表作品有《小公务员之死》《变色龙》等。

30. 欧洲的良心

——走近罗曼·罗兰

"您最喜欢读哪一类的书啊？"书桌前，万卷书问。

"我呢，什么书都爱看，尤其偏好传记类。"施大作家喝了一口茶。

"传记类，为什么？"

"人物传记是通过对典型人物的生平、生活、精神等方面进行系统描述、介绍的一种文学作品形式。读好的传记，可以较为全面地了解人物的心路历程，进而在对比反思中，更好地关照自己的人生。"

"那您最喜欢谁的传记？"

"《苏东坡传》，林语堂写的。"

"想必您也一定很崇拜苏东坡吧！"

"所言极是，"施大作家双目如潭，"这本书中，学贯中西的林语堂先生用生花妙笔将一位文学家、政治家、书画家的一生娓娓道来，一个性格鲜明、多才多艺、形象饱满、可敬可爱的苏东坡也清晰地浮现在读者眼前。"

"有没有适合我们阅读的人物传记呢？"一旁的万里路也来了兴趣。

"当然有啦，喜欢的就是最好的。"施大作家脱口而出，"法国作家罗曼·罗兰写的《名人传》就是不错的选择。"

"那是写哪个名人的啊？"万里路不明白。

"《名人传》里可不只写一个名人，由《贝多芬传》《米开朗琪罗传》和《托尔斯泰传》三部传记组成。"施大作家做了推荐。

"一个是音乐家，一个是绘画家，一个是文学家，果然都是大名人啊！"万卷书惊呼。

"正是，"施大作家肯定道，"书中描写了三个不同时代、不同民族的文艺巨子，热情歌颂他们在文艺上的不朽贡献和为崇高理想而奋斗不息的精神。罗曼·罗兰这是给具有巨大精神力量的英雄树碑立传，让世人呼吸英雄的气息。"

"听说罗曼·罗兰后来创作了举世闻名的《约翰·克利斯朵夫》，其中主人公不少事迹就是以贝多芬为原型的。"万卷书隐约记得哪里看过这个资料。

"的确有这种说法，"施大作家将茶杯轻轻放下，"小说塑造了一个贝多芬式的平民音乐家约翰·克利斯朵夫的形象，再现了他为追求纯真的艺术与和谐的生活理想而奋斗一生的历程。从儿时音乐才能的觉醒，到青年时代对权贵的蔑视和反抗，再到成年后在事业上的追求和成功，最后达到精神宁静的崇高境界。可以说，这是一部宣扬人道主义和英雄主义的长篇小说。"

"作家就是凭借这部小说荣获诺贝尔文学奖的吗？"万里路问。

"是的，这一作品的发表后，罗兰获得了 1913 年度法兰西学院文学奖和 1915 年度诺贝尔文学奖，从此名声大振。"

"感觉他的作品很多都与音乐有关，难道他也喜欢音乐？"万卷书似乎发现了什么关联。

"岂止是喜欢，罗曼·罗兰本人就是一个知名的音乐评论家。"施大作家答。

"那我就想不明白了，作者到底是在写《约翰·克利斯朵夫》的过程中喜欢上了音乐，还是先喜欢上音乐，然后想到要去写一个有关音乐的作品？"万里路总爱问些稀奇古怪的问题。

所幸施大作家并没有被这个长问题搞迷糊，抽丝剥茧后应了一句："先有蛋，然后才有鸡。当然是对音乐有兴趣，才会构思相关的作品。"

"那可不一定，没有鸡哪来的蛋啊？"万里路钻起了牛角尖。

"这一定与他的天赋和兴趣有关。"万卷书推测到。

"的确，罗兰可谓一个音乐的天才。妈妈教他琴，在谐音的波动中，他的童心便发现了不可言喻的快乐。莫扎特与贝多芬是他最早发现的英雄。他曾说，这两位音乐家的快乐与苦痛，想望的幻梦，渐渐地变成了他的肉的肉，他的骨的骨。"施大作家说。

　　"音乐已经是他生命的一部分了。"万卷书叹言。

　　"对，"施大作家说，"罗兰曾坦言，要是没有音乐，他不知道自己该怎么过日子。每回他精神疲倦了，或是心上有不如意事，他就找他的琴去，在音乐中洗净烦愁。"

　　"所以长篇小说《约翰·克利斯朵夫》中，一定融合了他丰富的音乐经验。"万卷书顺着施大作家的思路，"只是我还不太明白，就这样一部与音乐相关的作品，怎么会得到如此之高的评价。"

　　"这个问题问得好，"施大作家将杯中茶一饮而尽，"《约翰·克利斯朵夫》的思想内涵十分丰富。一方面，它揭示十月革命前西欧进步的知识分子'追求—反抗—幻灭'的心灵历程，反映出当时以德、法为主的欧洲国家的黑暗现实，倡导真诚的能净化道德的艺术，以此创造健全的文明。另一方面，罗兰希望以'博爱'作为实现人类和谐与团结的纽带。而他一生，正是坚持自由真理正义，为人类的权利奔走不息！"

"难怪他会被称为'欧洲的良心'！"万卷书喃喃自语。

名家卡片

罗曼·罗兰（1866年~1944年），20世纪上半叶法国著名的人道主义作家，其小说特点被人们称为"用音乐写小说"。他的代表作品有《名人传》《约翰·克利斯朵夫》等。

31. 嗜书如命

——走近高尔基

"关于读书名言，你们知道多少呢？"施大作家边走边问。

"读一本好书，就是和许多高尚的人谈话。"

"书籍是全世界的营养品。生活里没有书籍，就好像没有阳光；智慧里没有书籍，就好像鸟儿没有翅膀。"

"书籍是造就灵魂的工具。"

"一本书像一艘船，带领我们驶向生活的无限广阔的海洋。"

万里路兄妹对答如流。

"真好，这些名言都表达了作者对书的赞美。可你们知道吗，有人把书看得比自己的生命还重要。"施大作家神秘一笑。

"噢，是谁？"万里路打起精神来。

"去了你们就知道了。"施大作家故意留下个悬念。

莫斯科市中心卡恰洛夫街6号，一栋灰色的两层楼房。主人的卧室不大，墙上挂着一幅风景画，中间摆放着单人床，床头上系着一个用来吊挂电灯的挂钩。床头左上方的墙壁上装着一个小型书架。桌面放着翻看到一半的《拿破仑传》。

"这座房子的主人叫高尔基，他从1931年开始住在这里直到离世。他就是那位嗜书如命的大作家。"施大作家语调深沉。

"噢，我想起来了，书上有他那句著名的读书名言——我扑在书上，就像饥饿的人扑在面包上。"万卷书回忆。

"还有一句：书是人类进步的阶梯。"万里路接着补充。

"正是，看来你们对他并不陌生。"施大作家略显惊讶。

"嘿嘿，就知道这一两句名言罢了。"万里路憨憨直笑。

"青少年时代的高尔基生活在社会最底层，饱尝了生活的苦难。他只读过两年小学，靠勤奋自学成了伟大的作家。"施大作家讲道。

"啊，只读了两年书？"万里路瞪圆了眼睛。

"对，就是这个仅仅读了两年小学的少年，最后写出了《童年》《在人间》《我的大学》等著作，成为世界十大文豪之一。"施大作家说。

"一定是读书成就了他。"万卷书十分确定。

"也可以这么说吧！"施大作家表示认同，"高尔基出生在一个木匠家庭，父母早亡，童年生活十分不幸。他先后当过流浪儿、学徒、搬运工人、面包师等，受尽苦难生活的折磨。但他十分喜欢读书，在任何情况下，都要利用一切机会，扑在书上如饥似渴地阅读。"

"我想起了关于他爱书的一个故事。"万卷书灵机一动，"有一次，房子着火了。高尔基的第一反应不是逃生，而是以飞快的速度爬上了放书的小阁楼，他只想拯救那些爱书。火势越来越大，烟熏得高尔基睁不开眼睛，喉咙也喘不过气来，他甚至感觉头发也噼喱噼啦地爆炸起来。可是高尔基顾不了这么多，拼命地把书从窗口扔出去，直到所有的书都被扔出去后，才逃离火场。为了救书，高尔基差一点被火烧死。"

"这样的行为我们不提倡，但的确能看出高尔基对书籍的热爱。"施大作家听得很认真，"高尔基曾十分动情地说：书籍一面启示着我的智慧和心灵，一面帮助我在一片烂泥塘里站起来，如果不是书籍的话，我就沉没在这片泥塘里，我就要被愚蠢淹死。"

"能给我们说说他的作品吗！"万里路真想好好感受一下大作家作品的魅力。

"就说说他的散文诗《海燕》吧。"施大作家略作思考，"表面上是写海燕，实际上另有所指。"

"噢，一语双关。"万里路兴趣更浓了。

"20世纪初，俄国沙皇统治日趋黑暗，人民群众无法忍受，

反抗情绪日益高涨，革命斗争蓬勃兴起。为了避免沙皇政府的检查，作者采用了寓言形式和象征手法，表现革命人民与反动势力之间进行的激烈斗争，揭露了机会主义者和小市民的丑恶嘴脸，歌颂了无产阶级革命者的战斗精神，热情欢呼着革命高潮的到来。"施大作家说。

"那文中出现的事物一定是另有所指！"万卷书做了推断。

"诗中风、云、雷、电象征着黑暗的反动势力；海鸥、海鸭、企鹅象征着害怕革命的资产阶级社会阶层；汹涌澎湃的大海象征着日益觉醒的革命群众；暴风雨象征即将到来的革命风暴；海燕则是无产阶级革命者的化身，是作者歌颂的中心形象。"施大作家舌灿莲花。

"原来如此！"万里路茅塞顿开。

名家卡片

马克西姆·高尔基（1868 年～1936 年），苏联伟大的无产阶级作家，苏联文学的创始人之一。他的代表作品有《海燕》《母亲》《童年》《在人间》《我的大学》等。

32. 走遍天下书为侣

——走近杰克·伦敦

　　"巴克"是法官米勒家中一条养尊处优的驯养犬，过着无忧无虑的生活。然而，在被拐卖到严酷的北方之后，它不得不面对一个完全不同的世界。在极其恶劣的现实环境中，它显示出了强烈的生存欲望，并由这种欲望主宰，设法克服一切难以想象的困难，成为一只适应荒野生存和竞争规律的雪橇狗，最终还响应荒野的召唤，回归了自然。

　　这是《野性的呼唤》一书中的故事。放下书本，万里路兄妹难掩激动的心情，央求着施大作家带他们去拜访作者。

　　走进美国作家杰克·伦敦的家，兄妹俩怔住了：窗帘上、衣架上、柜橱上、床头上、镜子上、墙上，到处贴满了形形色色的小纸条。

　　"您就用这些东西装饰房间吗？"万里路忍不住问。

　　"不不不，这不是什么装饰品，这些可都是我的宝贝。"杰克·伦敦笑答，"这些小纸条记着各种各样我搜集来的材料：美

妙的词汇、生动的比喻以及五花八门的资料。"

"我的天，那您就是用这种方式来学习的吗？"万里路更纳闷了。

"造化弄人啊！我没有机会系统地学习，为了掌握文化知识，实践写作，只有争分夺秒地勤奋积累。比如，我把生字写在一张一张的纸片上，以便在早晨修脸和穿衣时背诵。"杰克·伦敦边说边从梳妆台的镜缝里取下一张纸片。

"怎么连晒衣绳上都有啊？"万卷书抬头一看。

"是的，"杰克·伦敦转过身来，"这样我向上看或者走过房间时，便可以看见这些新字了。"

"您这是随时随地都在学习啊！"万里路惊呼。

"差不多吧，"杰克·伦敦掏了掏口袋，"你瞧，我的每个衣袋中都装有写着一行行字的纸片，当我到图书馆或出外访问的途中便加以朗读。有时在吃饭或睡觉时，我也能很方便地默诵它们。"

"能教给我们一些写作的秘诀吗？"惊叹之余，万里路问道。

"得到智慧的唯一办法，就是用青春去买。"杰克·伦敦郑重地说。

"您的意思是说，得在青少年时代就开始努力？"

"正是，"杰克·伦敦坐了下来，"我虽出身贫寒，生活之路坎坷，但一刻也没离开过书本。"

"能给我们讲讲您的生活经历吗？"万卷书总觉得眼前这个人一定有着不平凡的经历。

杰克·伦敦点点头："生活所迫，我从小就不得不半工半读，只要有可能，我就会把时间都用在读书上。我记得当时还不满9岁，就已经熟读了华盛顿·欧文写的西班牙旅行记《阿尔汗伯拉》。那时，我还读了一些从雇工那儿借来的一毛钱一本的小说，可以说是抓到什么就读什么。

"因为贫困，我小学毕业后便去工作，十岁左右就开始做报童和罐头工人。我印象最深的是，有一年，我攒了一点钱，买了一只小船，原本是为了好玩，不久之后却结识了蚝贼，便跟他们一样做起不要本钱的买卖。我们一伙同伴，驾船去偷旧金山湾养殖户的蚝，现在想来真是愚蠢至极！更有趣的是，我也在那个时候结识了海湾巡警，反过来做了巡警去追捕蚝贼。"

"您的经历也太传奇了吧！"万里路都有些不敢相信了。

"这段居无定所的时间里，估计您也无法专心学习吧！"万卷书问道。

"那倒未必，只要热爱学习，到处都是课堂。"杰克·伦敦摆摆手，"惊涛骇浪的海上生活是艰苦的，但我没有忘记读书，在返航驶入旧金山湾时，我已经读完了福楼拜的《包法利夫人》和托尔斯泰的《安娜·卡列尼娜》。远航归来，我还把自己的经历写成散文《日本海口的台风》，参加《呼声》杂志的写作竞赛，居然荣获了第一名。"

"看来，你这一生注定要与书相伴喽！"施大作家不由自主地插上一句。

"走遍天下书为侣嘛！"杰克·伦敦齿牙春色。

"给孩子们讲讲写作心得，如何？"施大作家提议。

"生活是写作的源泉。要有好作品，必须深入生活。"杰克·伦敦表情变得严肃起来，"那一年，为了创作《深渊中的人们》一书，我整整在伦敦东区的贫民窟待了三个月。白天，我出没于工人家庭和难民收容所，和难民一起排队领面包，同穷汉们一起躺在街市上或公园里，不停地和人们聊天。晚上，我就躲到隐蔽的角落，把白天看到、听到、想到的一切都记下来。只有贴近生活，才能创作出精品来。"

"聪明在于勤奋，经典源自生活。"施大作家随口小结。

"说得好，我常告诫爱好写作的年轻人：你不能光等着灵感，得拿着棍棒去追。去哪里追？书本里，生活中，有无穷无尽的宝藏呢！"

名家卡片

杰克·伦敦（1876 年～1916 年），美国著名的现实主义作家。他的代表作有《野性的呼唤》《海狼》《白牙》《马丁·伊登》等。

33. 变形记
——走近卡夫卡

有些人生前默默无闻，死后却一鸣惊人。奥地利德语小说家卡夫卡就是其中的一位。

卡夫卡的故居位于布拉格旧城拉德尼斯街5号，离著名的老城广场不远，地处布拉格最繁华的商业街。由于被大大小小的纪念品商店包围，故居淹没在一片五光十色之中，很不容易被游客发现——就像生前不被重视的他。

这是一处低矮简陋的小房子。房内其实就是一个展厅，陈列着卡夫卡的生平资料，左边墙角放了台电视，播的是卡夫卡的传记片。这里游人不多，正好适合施大作家和万里路兄妹静下心来感受一切。

"《变形记》？不会吧，湖南卫视的节目广告都做到这儿了。"万里路看着墙上的字样，不禁倒吸了一口气。

"哈哈——"万卷书笑得差点都直不起腰了，"我就说你不学无术了吧。这可是大作家卡夫卡的代表作，你以为是城乡少年角色互换的真人秀节目啊！"

"这……这……"万里路竟有些不好意思起来。

"如有相同，纯属巧合。"施大作家圆了场。

"那这《变形记》主要写的是什么呢？"万里路下定决心要搞个明白。

"这是一个神秘离奇的故事，"施大作家启动缓叙模式，"主人公格里高尔·萨姆在一家公司任旅行推销员，长年累月到处奔波，挣钱养活家人。一天早晨，格里高尔一觉醒来，突然发现自己变成了一只大甲虫，腹部长了两排细腿，背部变成硬壳，翻不了身，下不了床。"

"那……那他一定很害怕吧！"万里路的心早被揪得紧紧的。

"那当然了，"施大作家接着说，"格里高尔感到恐慌，担心失去工作，也无法见人。他的父亲和妹妹见到这个情景，极为震惊。父亲不理他，母亲悲伤并害怕，妹妹开始同情他，照顾他。由于格里高尔失去了挣钱养家的能力，家境江河日下，他们只得出租房屋以增加收入。"

"这个家可怎么办啊？"万卷书早已身陷故事之中。

"事情变得越来越复杂。这天，格里高尔被妹妹的小提琴声吸引爬了出来，房客惊恐得要退租，妹妹无法忍受，吼叫着要把这个'怪物'弄走。"施大作家说，"可谁了解格里高尔的内心啊！那一刻，他消灭自己的决心比妹妹还要强烈，毅然反锁自己不再进食。"

"他一定难逃饿死的命运了。"万里路的眼睛死死盯着施大作家。

"对，很多天后，老妈子发现他已经死了，成了一具干瘪的尸体，全家人仿佛卸掉了沉重的包袱。"

"我的天，毕竟是自己的亲人啊，怎么可以这样！"听罢故事，万卷书义愤填膺。

"作者正是要通过描写格里高尔的变形，以及变形后的遭遇和悲惨结局，深刻揭露资本主义社会人与人之间赤裸裸的利害关系，表现人的'异化'。"施大作家一语点破主旨。

"我觉得这部作品不仅写了人身体上的'变形',更写出了人心理上的'变形'——后者表现得比前者还要可怕。"显然，这部作品给万卷书内心留下了深刻的印迹。

"他的其他作品也是这一类风格吗？"万里路想多做些了解。

"卡夫卡的小说，常常揭示一种荒诞的充满非理性色彩的景象，呈现的是个人式的、忧郁的、孤独的情绪，运用的是象征式的手法。后世的许多现代主义文学流派如'荒诞派戏剧'就把卡夫卡奉为自己的鼻祖。"施大作家说。

"能说说他的其他作品吗？"万里路追根究底。

"那就再说说他的《饥饿艺术家》吧，"施大作家指着陈列台上一本书的封面，"这部短篇小说，描述了经理把绝食表演者关在铁笼内进行表演，时间长达四十天。表演结束时，绝食者已经骨瘦如柴。后来他被一个马戏团聘去，关进笼子并放在离兽场很近的道口，为的是游客去看野兽时能顺便看到他。可是人们忘了更换记日牌，绝食者无限期地绝食下去，终于饿死。"

"真是够荒诞的，作品肯定另有所指。"万卷书推断。

"的确，这里的饥饿艺术家实际上已经异化为动物了。作者要表达的，无非是人性的残酷和当时那个社会的颓废。"施大作家说。

"感觉卡夫卡的作品始终被强大的郁闷笼罩着，他一定有很多解不开的心结。"万里路有一种直觉。

"弗洛伊德说，童年将影响人的一生。父亲的专横粗暴，母亲的多愁善感，令人窒息的家庭环境，使卡夫卡从小养成怯弱羞怯、独孤内向、优柔寡断的性格。而这，也直接影响着他后来的创作。"

"看来他的生活过得并不如意。"万里路说。

"岂止是不如意，简直称得上是痛苦。他写作不是为了发表或成名，仅仅是为了寄托自己的某种思想感情罢了。不过，也恰恰因为如此，他才呈现出一种有别于其他作家的文学表达方式。"

说罢，施大作家在卡夫卡的铜像前深深地鞠了一躬。

名家卡片

弗朗茨·卡夫卡（1883年～1924年），生活于奥匈帝国统治下的一个犹太商人家庭，著名的表现主义作家。他的代表作品有《审判》《变形记》《城堡》等。

34. 张开心灵的眼睛

——走近海伦·凯勒

在一天的盲聋哑体验之后，万卷书在日记中写下了这样一段话：

蒙住双眼的一刹那，我的眼睛什么也看不见了。眼前这个黑暗的世界，和那个光明笼罩的花花世界简直有着天壤之别。我心里空空的，试图迈出第一步。可是，我犹豫的左脚还是停留在了半空，心里茫然地想着：这个方向对吗？前面有障碍物吗？会不会摔倒呢……我就像不会游泳的人失去救生圈那样，没了安全感，浑身发凉。

而万里路也颇有感触地写道：

来到教室后，我闭上嘴巴，一言不发。我不能表达见到同学的兴奋，也不能倾诉自己丰富的见闻。为了交流，有几个同学正手舞足蹈地比划着，可一次又一次，他们还是无法让对方明白自己的意思。从他们的眼神中，我读出了沮丧、不解、着急、疑惑和无奈。在这个无声的世界里，孤独与恐惧如影随形。

"怎么样，昨天的体验感受如何？"一大早，施大作家笑嘻嘻地问。

"太难受了！"兄妹俩齐声回答。

"你们这才体验多久啊，不到一天。请你们对比一下美国女作家海伦·凯勒，她在无光无声的世界里整整度过了 87 年，而且创造了生命的奇迹。"显然，施大作家早就猜到兄妹俩会有这样的反应。

"真是太不可思议了。"万卷书感慨道。

"我就不明白了，眼睛看不到，那她怎么学习呢？"万里路疑惑极了。

"学习盲文是唯一的方式了。可是，这谈何容易。"施大作家停顿了许久，"小海伦在莎莉文老师的精心指导下，不分昼夜，像一块干燥的海绵吮吸着知识的甘霖。她拼命摸读盲文，不停地书写单词和句子，她是这样的如饥似渴，以至小小的手指头都摸出了血。莎莉文老师心疼地用布把她的手指一一包扎起来。就这样，海伦学会了阅读、书写和算术。"

"她的毅力真够顽强的！"万卷书佩服不已。

"可是，这还不是最难的。"施大作家说。

"噢，那最难的是什么？"万里路问。

"最难的是练习说话，"施大作家介绍，"你们知道小海伦是怎么练习说话的吗？"

兄妹俩摇摇头。

"10 岁的时候，海伦越来越强烈地想开口说话。父母为她请来了盲哑学校的萨勒老师。萨勒老师发音时，要海伦用手放在她的脸上，用感觉来判断舌头和嘴唇颤动的情况，以此体会怎样发音。这种完全靠触觉学习说话的方法，其艰难程度可想而知。"

"太让人难以置信了！"万卷书听到这里，不由惊呼起来。

"海伦后来在回忆自己这段学习生活时说：为使我的伙伴——即使是最亲密的伙伴——能听懂我的话，我夜以继日地努力，反复高声朗读某些词语或句子，有时甚至要读几个小时，直到自己觉得读对了为止。我每天坚持着练习，练习，练习……"施大作家想起了海伦·凯勒著作中的语段。

"她要成功，得付出比别人更多的努力！"万里路内心被深深震撼着。

"可就是这样一个生活在盲聋哑世界里的人，竟然以优异的成绩毕业于哈佛大学拉德克利夫女子学院。她一生写了14部作品，成为《时代周刊》评出的美国十大英雄偶像之一，并荣获'总统自由勋章'。"

"那您一定读过她的作品吧！"万里路看着施大作家。

"我很喜欢她的作品，"施大作家毫不犹豫，"尤其是她的自传《假如给我三天光明》，以一个身残志坚的柔弱女子的视角，告诫身体健全的人们应珍惜生命，珍惜造物主赐予的一切。"

"能说说您对她的评价吗？"万里路不断追问。

"我的评价不重要，不过你可以听听美国作家马克·吐温对她的评价——19世纪有两个奇人，一个是拿破仑，一个就是海伦·凯勒。拿破仑试图用武力征服世界，他失败了；海伦·凯勒试图用笔征服世界，她成功了。"

施大作家的介绍深深地折服了兄妹俩，谈话结束后，他们迫不及待地从图书馆借来了《假如给我三天光明》等海伦·凯勒的作品。对于这一切，施大作家当然是看在眼里，乐在心里。只是，让他没想到的是，几天后，兄妹俩书桌前的座右铭都悄悄改成了海伦·凯勒的名言。

万卷书在纸片上工工整整地抄写着：人生最大的灾难，不在于过去的创伤，而在于把未来放弃。

而万里路，则用他最擅长的花体字摘录了这样一句：把活着的每一天看作生命的最后一天。

名家卡片

海伦·凯勒（1880年～1968年），美国女作家、教育家、慈善家、社会活动家，入选美国《时代周刊》"20世纪美国十大英雄偶像"之一。代表作有《假如给我三天光明》等。

35. 硬汉

——走近海明威

"恕我不起来了！"美国爱达荷州克川市北部海明威的墓碑上刻着这样一句墓志铭。

在施大作家的心目中，祭奠作家最好的方式，就是走进这位作家的作品。在这独特的墓碑前，开始了一场神奇的文学之旅。

"前段时间，我推荐你们阅读海明威的代表作《老人与海》，读得怎么样了？"施大作家发话了。

"已经阅读了，写得特别棒！"万里路大大咧咧。

"噢，把主要内容讲讲吧！"施大作家惯用这一招。

"这……这……"看来万里路的概括能力有待加强。

"我来说，"万卷书接过话茬，"这本书讲述了古巴老渔夫桑提亚哥在连续 84 天没捕到鱼的情况下，终于独自钓上了一条大马林鱼。但由于这条鱼太大，在海上拖了很长时间，结果在归程中被鲨鱼袭击，回来时大马林鱼只剩下了鱼头鱼尾和一条脊骨。"

"嗯，讲得不错，有什么收获吗？"施大作家继续考核。

"我觉得里面的细节描写得特别精彩！"万卷书显然是有备而来。

"说说看。"施大作家示意。

"比如对主人公外貌的描写，"万卷书回忆起相关的语段来，"老人消瘦憔悴，脖颈上满是皱纹。腮帮有些褐斑，从脸的两侧一直蔓延下去，那是太阳在热带海面上的反光造成的良性皮肤癌变。双手常用绳索拉大鱼，留下了刻得很深的伤疤，但是这些伤疤中没有一块是新的，它们像无鱼可打的沙漠中被侵蚀的地方一般古老。"

"我比较喜欢人物的动作描写，"万里路也谈了自己的意见，"我印象最深的是这一段：他把舵把从舵上拽掉，用它去打，去砍，两只手抱住它，一次又一次地劈下去，但是它们已经窜到船头跟前去咬那条死鱼，一忽儿一个接着一个地扑上来，一忽儿一拥而上，当它们再一次折转身扑来的时候，它们把水面下发亮的鱼肉一块一块地撕去了。"

"的确，一连用了这么多的动作词，特别有画面感。"如此长的一段都能记得下来，施大作家不由对万里路刮目相看。

"我觉得最经典的应该是心理描写，"说到精彩之处，万卷书清了清嗓子，"一个人并不是生来要给打败的，你尽可把他消灭掉，可就是打不败他。这句话太震撼了！"

　　"真懂得读书！从某个角度而言，这就是本书最重要的一句话了。"施大作家不住称赞，"感谢海明威，为我们塑造了一个即使失败也不会丢掉尊严的硬汉形象。"

　　"就像高尔基笔下的海燕一样，海明威笔下的马林鱼一定也有着什么象征意义吧！"万卷书突然有所发现。

　　"这是写作中常用到的象征手法。"施大作家提示，"在《老人与海》中，马林鱼象征人生的理想，大海象征着变幻无常的生活，鲨鱼象征着无法摆脱的悲剧命运，而狮子则象征着勇气和力量等。"

　　"这一切作者并不明说，要读者自己去领悟。对吗？"万里路也开了窍。

"对，好的作品要懂得隐藏些什么，留给读者更多的探究乐趣。"施大作家说，"海明威提出过文学创作的'冰山'原则。他认为，冰山运动之雄伟壮观，是因为它只有八分之一在水面上，还有八分之七在海下。我们虽然看不到它，却可以通过想象去触及它的雄伟和蕴藏的力量。"

"这样说来，他的文字一定要非常简练才行。"万卷书推测。

"那是必须的！"施大作家推了推眼镜，"据说，海明威有个写作怪癖——用一只脚站着写。有人问他为什么这样做，他笑着说：这种姿势使我处于一种紧张状态，促使我尽可能简短地表达自己的思想。"

"这样的写作态度，获得诺贝尔文学奖也是实至名归啊！"万卷书佩服得五体投地。

"《老人与海》取材于真实的生活吗？"万里路总有问不完的问题。

"对，"施大作家表示肯定，"这本小说是根据真人真事写的。第一次世界大战结束后，海明威移居古巴，认识了老渔民格雷戈里奥·富恩特斯。书中主人公桑提亚哥就是以他为原型塑造的。不过，有一件事你们一定想不明白。"

"什么事？"兄妹二人异口同声。

"有人说，海明威太优秀太成功了，他几乎获得了一切。论金钱，巨额版税让他成了大富翁；论荣誉，他是诺贝尔奖获得者；论地位，他是享誉世界的大师级人物。可是，在获得这些后，他却于 1961 年 7 月 2 日用猎枪结束了自己宝贵的生命，享年 62 岁。而他著名小说《老人与海》中主人公的原型——一无所有的富恩特斯老人，却悠然地颐养天年，活到了 104 岁。"

四下静悄悄的，也许，这本是一个没有答案的问题。

名家卡片

欧内斯特·米勒·海明威（1899 年～1961 年），美国作家和记者，被认为是 20 世纪最著名的小说家之一。《老人与海》是他的代表作。

36. 夏花绚烂，秋叶静美
——走近泰戈尔

"过几天，有一位重量级的印度作家要来中国访问，到时我会带你们前往迎接。"施大作家满面春风。

"噢，是谁啊？"万里路十分好奇。

"能把这个谜语猜出来，你就知道他的大名了。"施大作家卖起了关子，"谜面是俄国作家托尔斯泰的一部代表作《战争与和平》，请打一作家名。"

"这……这个嘛……"万里路嘀咕了半天也没个头绪。

"我知道了，应该是泰戈尔。"万卷书兴奋地喊道，"和平，可以理解为'泰'，战争可以看作'戈'，'尔'理解为如此而已。合起来不就是泰戈尔了嘛！"

"真聪明，你们听说过他的名字吗？"施大作家问。

"当然啦，我还会背他的诗句呢！"万卷书颇为骄傲，"天空中没有翅膀的痕迹，但鸟儿已飞过。写得多美啊！"

"我也会，"万里路跃跃欲试，"如果错过太阳时你流了泪，那么你也要错过群星了。"

"生如夏花之绚烂，死如秋叶之静美。"万卷书充满深情。

"世界上最遥远的距离，不是生与死的距离，而是我就站在你的面前，你却不知道我爱你。"万里路文绉绉的样子让人忍俊不禁。

"看来你们了解的还真不少，泰戈尔可是亚洲第一位诺贝尔文学奖获得者噢！"施大作家做了重要补充。

1924 年 4 月 12 日早晨，上海汇山码头人头攒动。徐志摩、瞿菊农、郑振铎等名家早早就来到这里等候泰戈尔一行的到来。施大作家带着兄妹俩也加入了欢迎的队伍。

"呜——"伴随蒸汽机船停船的鸣笛声，泰戈尔一行 6 人走下舷梯，现场一片欢腾。

"朋友们，我不知道什么缘故，到中国便像回到故乡一样，我始终感觉，印度是中国极其亲近的亲属，中国和印度是极老而又极亲爱的兄弟。"一踏上中国的领土，泰戈尔就情不自禁地说。

为了让泰戈尔访问方便，东道主专门指派曾留学英国剑桥大学、深谙英语的徐志摩担任随行翻译。

4 月 14 日，徐志摩、瞿菊农陪同泰戈尔一行前往杭州。秀丽的湖光水色使他流连忘返，他像孩子般欢呼："美丽的西湖，美丽的杭州！要不是时间关系，我真想在湖边买个小屋住上几天。"

次日，泰戈尔在杭州灵隐寺演讲。西泠印社的艺术家们向泰戈尔赠送一枚刻有"泰戈尔"三个字的印章，他感动不已。他对随行的京剧艺术家梅兰芳说："在印度，小孩降临后有两件事最重要：第一要给他起个名字，第二要给他少许饭吃。这样，这个孩子就和社会产生不可磨灭的关系。我的名字译成中文叫'泰戈尔'，我觉得我的生命是非与中国人的生命拼在一起不可了……"

之后的南京演讲，更是让众人的心灵受到了极大的震撼。泰戈尔动情地对文化界人士说："我此番来到中国，并非是旅行家为瞻仰风景而来，也并非是一个传教者带些什么福音，只不过是为求道而来罢了，好像是个敬香者，来对中国文化界敬礼的。……我这次来华，就是为了一点看不见的情感：说远一点，我的使命是在修补中国与印度两国人民间中断千余年的桥梁；说近一点，我是想得到你们中国青年真挚的同情。……让我们大家努力吧。不管是中国人，还是印度人，我们要不怕艰难，肩上扛着铲除误解的大锄，口袋里装满新鲜人道的种子，不问

天时是阴是雨是晴，清理一方泥土，播下一方生命，同时口唱着嘹亮的新歌，鼓舞在黑暗中的将要透露的萌芽。"

演讲结束的间隙，施大作家一行三人终于找到与泰戈尔沟通的机会。

"您对中国很有感情。"施大作家起了话题。

"是啊，"64 岁的泰戈尔目光炯炯，"中华民族灾难深重。想当年，英国坐在亚洲最大文明古国的胸脯上，把病菌似的毒品一点一滴地注入她健全的肌体和灵魂，推着她走向死亡。一方面牟取暴利，另一方面损失惨重。如此残忍的强盗行径，真是旷古未闻。"

听了泰戈尔的话，施大作家和兄妹俩内心激愤，也对面前这位充满正义感的老人更加崇敬。

"历史的车轮滚滚向前，过往的道路自然会留下深深的印痕。我相信，你们有一个伟大的将来。我更加相信，当你们国家站起来，把自己的精神表达出来的时候，亚洲也将有一个伟大的将来！"

老人的话深深地印在了三人的心底，也更加坚定了他们对伟大祖国必将巍然屹立世界东方的信心。

名家卡片

拉宾德拉纳特·泰戈尔（1861 年～1941 年），印度著名诗人、文学家、社会活动家、哲学家和印度民族主义者。他的代表作有《吉檀迦利》《飞鸟集》等。

37. 百年不孤独

——走近马尔克斯

2014 年 4 月 17 日，拉丁美洲魔幻现实主义文学的代表人物马尔克斯，在墨西哥首都墨西哥城因病去世，享年 87 岁。

大师远去，但是他的作品连同思想，将永远留在人世间。

《百年孤独》是马尔克斯的代表作。近段时间，万里路兄妹俩被这部小说迷住了。这天夜里，万里路做了一个梦，梦见自己恍恍惚惚中来到了小说所描写的世界。

眼前是一个叫马贡多的原始村落。一座座土房都盖在河岸上，河水清澈，沿着遍布石头的河床流去，河里的石头光滑、洁白，活像史前的巨蛋。

在这里，发生了许多让人匪夷所思的事。

一批吉普赛人来到马贡多，带来了飞毯。村里的孩子们坐在飞毯上，擦着布恩迪亚的实验室窗户飞掠而过。他走出了家门，追寻那飞毯，寻找那些会猜测人意的猴子，既可钉纽扣又可退热消炎的多用机，跟着小鼓的节奏会下 100 个金蛋的母鸡。

结果，这些童年时期就遇到的新奇玩意儿他都没有遇到，却遇到了一个年轻漂亮的吉普赛女郎。

　　起义军代表团来到这里，招待他们的是一群穿着白长袍、活泼的见习修女，她们活像一群白鸽子，被雨水打得到处飞舞。

　　墨尔基阿德斯拽着两块磁铁锭，挨家串户地走着，大伙儿惊讶地看铁锅、铁盆、铁钳、小铁炉纷纷从原地落下，木板因铁钉和螺钉没命地挣脱出来而嘎嘎作响，甚至连那些遗失很久的东西，居然也从人们寻找多遍的地方钻了出来，成群结队地跟在墨尔基阿德斯那两块魔铁后面乱滚。

　　这天，全村人都得了健忘症。为了生活，人们不得不在各种物品上贴上标签。你瞧，一头牛身上的标签是这样的："这是牛，每天要挤它的奶，要把奶煮开加上咖啡才能做成牛奶咖啡。"

奥雷里亚诺，布恩迪亚家族第七代传人，这个带猪尾巴的女婴，竟然被蚂蚁咬烂以后拖入了蚁穴。随后，马贡多消失在一阵飓风中……

"我的天啊！"从梦中醒来的万里路被惊出一身冷汗来。

"怎么了？"深夜伏案的施大作家关切地问。

"我……我刚才去了一趟《百年孤独》中的马贡多。"万里路半天才缓过气来。

"噢，那的确是一个神奇的魔幻世界。"施大作家停下了手中的笔。

"怎么感觉像一个神话世界。"

"这正是这部作品的魅力所在，"施大作家语气温和，"马尔克斯描写了布恩迪亚家族七代人的传奇故事，以及加勒比海沿岸小镇马贡多的百年兴衰，反映了拉丁美洲一个世纪以来风云变幻的历史。作品融入神话传说、民间故事等神秘因素，巧妙地糅合了现实与虚幻，展现出一个瑰丽的想象世界。"

"难怪感觉似真非真，似假非假。"万里路深有同感。

"这是一部鸿篇巨制。"施大作家说，"马尔克斯曾在诺贝尔文学奖的授奖仪式上指出，《百年孤独》这部小说主要是表现'拉丁美洲的孤独'。作家力图呈现的，正是哥伦比亚及整个拉丁美洲的愚昧落后、与世隔绝和被殖民入侵的屈辱历史，从而启发人们思考：造成马贡多百年孤独的原因是什么？怎样才能彻底摆脱这种孤独？"

"哇，好深奥啊！"万里路睡意全无。

"我怎么感觉有点像中国的《红楼梦》。"万卷书在一旁听了许久，冷不丁冒出一句。

"这种说法很新鲜，也有一定道理。"施大作家肯定道，"这是一个家族的百年沧桑史。和《红楼梦》一样，书中也写到了一位老人乌苏拉，就像《红楼梦》中的贾母一样。两人亡故后，家族都迅速衰败下去了。"

"我听说马尔克斯是诺贝尔文学奖得主中唯一没有争议的一位。由此也可以看出《百年孤独》的确堪称经典。"万卷书说。

"加西亚·马尔克斯以小说作品创建了一个自己的世界，一个浓缩的宇宙，其中喧嚣纷乱却又生动可信的现实，折映了一片大陆及其人们的富足与贫困——这是诺贝尔文学奖颁奖辞中的评价。"施大作家说。

"作品能得到大家的认可，即使百年之后，作者也一定不会感到孤独。"万卷书喃喃自语。

"对，马尔克斯不孤独。"施大作家的话掷地有声。

名家卡片

加夫列尔·加西亚·马尔克斯（1927 年～2014 年），哥伦比亚作家、记者和社会活动家，拉丁美洲魔幻现实主义文学的代表人物。他的代表作有《百年孤独》《霍乱时期的爱情》等。

39. 快乐巴学园

——走近黑柳彻子

这天，施大作家带领万里路兄妹来到日本一所特殊的学校。

已经可以很清楚地看到校门了，三人停了下来。以前的学校，大门是气派的混凝土柱子做成的，上面醒目地写着学校的名字。可是，这个学校的大门却是用矮矮的树做成的，而且树上还长着绿色的叶子。

"从地面上长出来的门呀！"万里路瞪大了眼睛。

的确，校门是两棵活的树。万里路靠近大门，马上把头歪向一边。原来挂在大门上的、写着学校名字的牌子，可能是被风吹的吧，已经歪到了一边。

"巴——学——园。"万里路一字一顿，念着牌子上的字。

进入校园，才发现这所学校以废弃的电车作为教室。学生们没有固定的座位，每天都可以根据自己的心情选择喜欢的座位。没有固定的课程表，从第一节课开始，老师就把当天要上的所有的课和每一节课所要学习的所有问题点，满满

地写在黑板上，然后说："下面就开始上课了，从你喜欢的那门课开始吧。"

"好自由啊，我真是太喜欢这所学校了。"不到十分钟，万里路就着迷了。

中午，孩子们离开电车，集中到礼堂吃饭。走进去一看，几十个学生正在吵吵嚷嚷的，忙着把桌子和椅子摆成一个大圆圈。

"别的同学都去哪儿了？"万卷书问。

"这就是全部的学生了。"校长先生答道。

"全部？"

万卷书难以置信，因为，这里的学生总共也只有自己学校一个班那么多。

"大家把山的味道和海的味道都带来了吗？"看同学们都坐好了，校长先生亲切地问。

"带——来——了！"学生们纷纷打开自己盒饭的盖子。

"让我瞧瞧。"校长先生走进桌子围成的大圆圈里，一个一个地看学生们的盒饭。学生们笑着，大声说着话，非常热闹。

"什么是'山的味道''海的味道'呢？"万里路觉得非常奇怪。

这所学校非常特别，非常有趣。没想到吃午饭的时间也可以这么愉快，这么令人兴奋。

下午，发生了一个意外。小豆豆同学最珍爱的钱包掉进了学校的厕所里。虽说钱包里一分钱也没有，但这个钱包本身却是小豆豆的心爱之物，是连上厕所也舍不得放下的宝贝。

"不行，我得把它捞上来。"小豆豆跑到校工叔叔放工具的库房里，扛了洒水用的长把舀子出来。天啊，她这是要从便池里把自己的钱包掏出来啊！

每挖出一舀子，小豆豆都要检查一下钱包会不会混在里面。本来以为很快就会找到钱包，但钱包好像藏在什么地方，总是不肯露面。这时候，上课铃声响了。"怎么办呢？"小豆豆想，"好不容易干到这里了……"于是决定索性继续干下去，而且比刚才干得更卖力了。

"你在干什么？"看着舀出来的一座"小山"，路过的校长先生问道。

"我的钱包掉到池子里面了。"小豆豆顾不得停下手里的活儿，一边舀一边回答。

"弄完以后，要把这些全部都放回去噢！"校长先生稍微把脸凑近了小豆豆的面孔，像好朋友似的说。之后，就走开了。

"嗯——"小豆豆精神十足地回答，又继续干起活儿来……

离开巴学园的时候，天色已经慢慢黑了下来。坐在回旅馆的车上，一连串的疑惑从万里路的脑中鱼贯而出：

"为什么校长不制止小豆豆的行为呢？"

"如果你是小豆豆，你是希望校长来制止你，还是希望他能理解你的行为？"施大作家笑着反问。

"当然是希望能够理解喽。"

"这就对了，换位思考嘛！"

"盒饭就是盒饭，为什么叫'山的味道''海的味道'啊？"万里路挠挠后脑。

"这山的味道，应该就是指蔬菜啦、肉啦，都是生长在陆地上的；海的味道则是鱼啦、红烧海味什么的。"万卷书望文生义。

"哈哈，小林校长的确别出心裁。"施大作家说，"在巴学园，他要求每位妈妈为孩子带的中餐盒饭里面必须有山的味道和海的味道。一来是希望孩子们能认识大自然的馈赠，明白什么是山上的东西，什么是海里的东西；二来用这种充满趣味的说法，也能够激发食欲，纠正部分孩子挑食的毛病，促进营养均衡。当然，这只是我的猜测罢了。"

"我也想在巴学园念书。"人在车上，万里路的心早又回到了那所学校。

名家卡片

黑柳彻子（1933年~），日本著名作家、NHK著名电视节目主持人、畅销书作家，最受欢迎的电视人物之一，联合国儿童基金会亲善大使。代表作品有《窗边的小豆豆》等。

阅读测试卷

学校_____ 班级_____ 姓名_____ 成绩_____

一、填空题（共 28 分，每空 1 分）

1. 中国最早的浪漫主义诗人名叫（　　　　），他的代表作品有《　　　　》《　　　　》等。

2. 司马迁的主要成就是编著了《　　　　》，开创了纪传体史学。

3. 嵇康从容赴死。临刑前，弹奏的那首古琴名曲《　　》，成为他生命的绝响。

4. 中国第一位田园诗人名叫（　　　　）。

5. 诗歌史上，"王孟"指的是（　　　　）和（　　　　）。

6. 被称为"七绝圣手"的诗人是（　　　　）。

7. 韩愈为贾岛改诗，将"僧推月下门"改成了"（　　　　）"。

8. 刘禹锡在《乌衣巷》中写道：旧时王谢堂前燕，（　　　　）。

9. "嘈嘈切切错杂弹，大珠小珠落玉盘。"出自白居易的名诗《　　　　》。

10. 第一个获得诺贝尔文学奖的中国籍作家是（　　　　），

他的代表作品有《   》《   》等。

11. 猜谜语。谜面：旧屋（猜一位现代作家的名字）；谜底：（   ）。

12. 被誉为"西方文学的始祖"的人是（   ）。

13. "一千个读者就有一千个哈姆雷特。"哈姆雷特这个人物形象出自于英国伟大的剧作家和诗人（   ）的《   》。

14.《鲁滨孙漂流记》的作者是英国著名小说家（   ）。

15. 大文豪（   ）的《战争与和平》展示出卫国战争前后俄罗斯波澜壮阔的社会生活画卷。

16.（   ）被称为"法兰西的莎士比亚"，有代表作《巴黎圣母院》等。

17. 有天夜里，一个小偷爬进了巴尔扎克的房间，在他的书桌里乱摸。巴尔扎克被响声惊醒了，他悄悄爬起来，点亮了灯，十分平静地笑着说："亲爱的，别找了，我白天在书桌里都不能找到钱，现在天黑了，你更别想找到了。"从这则故事中，我们能看出巴尔扎克（   ）的特点。他用毕生的时间完成了《   》，共 91 部小说，铸就了文学史上的一座丰碑。

18.《   》是法国杰出作家法布尔的传世佳作，它不仅是一部文学巨著，也是一部科学百科。

19. "活在戏剧里，死在演出中"形容的是法国喜剧作家、演员、戏剧活动家（   ）。

20.（   ）是豪放派词人的代表，（   ）是婉约派词人的代表。

二、选择题（共 40 分，每小题 2 分）

1. 我国古代伟大的思想家老子出关倒骑的是（   ）。

A．驴   B．牛   C．马   D．象

2. 以下哪句话不是出自《论语》?（   ）

A．学而不思则罔，思而不学则殆。

B．三人行，必有我师焉。

C．知人者智，自知者明。

D．学而时习之，不亦说乎。

3. 孟子主张的观点是（   ）。

A．人性本恶   B．人性本善   C．人性不分善恶

4. "像一个乞丐，高个子，秃头顶，乌黑的脸。"这是对酷爱和平的宋国思想家、政治家谁的描述?（   ）

A．韩非子   B．荀子   C．墨子   D．孟子

5. "月明星稀，乌鹊南飞。绕树三匝，何枝可依。"这两句诗出自曹操的（   ）。

A．《观沧海》   B．《龟虽寿》

C．《步出夏门行》   D．《短歌行》

6. "力士脱靴"和以下哪个诗人有关?（   ）

A．李白   B．孟浩然   C．杜甫   D．李贺

7. 关于柳宗元的《捕蛇者说》，以下错误的是（　　）。

A. 反映了中唐时期我国劳动人民的悲惨生活。

B. 深刻地揭露了封建统治阶级对劳动人民的残酷压迫和剥削。

C. 说明了不能随意伤害珍稀动物。

D. 表达了作者对劳动人民的深切同情。

8. "问君能有几多愁，恰似一江春水向东流。"此句出自谁的作品？（　　）

A. 李商隐　　B. 李煜　　C. 柳永　　D. 苏轼

9. 以下不属于《窦娥冤》中窦娥立下三桩誓愿的是（　　）。

A. 血溅白练　　　　　　B. 六月飞雪

C. 报仇雪恨　　　　　　D. 三年亢旱

10. 为了描写生动传神，冒险爬树观虎的作家是（　　）。

A. 吴承恩　　B. 曹雪芹　　C. 罗贯中　　D. 施耐庵

11. 大仲马和小仲马的关系是（　　）。

A. 兄弟　　B. 父子　　C. 叔侄　　D. 朋友

12. 勃朗特三姐妹是英国家喻户晓的作家，《简·爱》的作者是（　　）。

A. 夏洛蒂·勃朗特　　　　B. 安妮·勃朗特

C. 艾米丽·勃朗特

13. 以下不属于"世界三大短篇小说家"的是（　　）。

A. 莫泊桑　　B. 契诃夫　　C. 海明威　　D. 欧·亨利

14. 《西游记》里的孙悟空神通广大，他在花果山的名字叫（　　）。

    A．孙悟空　　　B．齐天大圣　　C．孙行者　　　D．美猴王

15．被称为"诗魔"的是（　　）。

    A．白居易　　　B．李商隐　　　C．王维　　　　D．刘禹锡

16．"但使龙城飞将在，不教胡马度阴山"中的"龙城飞将"指的是（　　）。

    A．汉朝名将霍去病　　　　　B．汉朝名将李广

    C．赵国名将廉颇　　　　　　D．三国名将赵云

17．下面不属于古典文学四大名著（小说）的是（　　）。

    A．《红楼梦》　　　　　　　B．《三国演义》

    C．《聊斋志异》　　　　　　D．《西游记》

18．下列不是安徒生作品的是（　　）。

    A．《卖火柴的小女孩》　　　B．《巨人的花园》

    C．《拇指姑娘》　　　　　　D．《丑小鸭》

19．除（　　）外，其他均是但丁代表作《神曲》的组成部分。

    A．《人间》　　　B．《地狱》　　　C．《炼狱》　　　D．《天堂》

20．1982年《百年孤独》的作者"由于其长篇小说以结构丰富的想象世界，其中糅混着魔幻与现实，反映出一整个大陆的生命矛盾"而获得诺贝尔文学奖，这位作家是（　　）。

    A．普希金　　　　　B．黑柳彻子

    C．高尔基　　　　　D．加西亚·马尔克斯

三、问答题（共 32 分，每小题 8 分）

1. 下面这幅图是根据哪本书中的哪个故事来画的？请概括故事的主要内容（不超过 50 个字）。

_____

_____

_____

2.《寻找名家名作（阅读积累篇）》中，你最喜欢哪部作品？为什么？

_____

_____

_____

3.《寻找名家名作（阅读积累篇）》中，你最喜欢哪个作家？为什么？

_____

_____

_____

4.《寻找名家名作（阅读积累篇）》对你在阅读或作文方面帮助最大的是什么？

_____

_____

_____

寻找名家名作（阅读积累篇·下）

参考答案

一、填空题

1. 屈原，《离骚》《九章》《九歌》《天问》……

2.《史记》

3.《广陵散》

4. 陶渊明

5. 王维 孟浩然

6. 王昌龄

7. 僧敲月下门

8. 飞入寻常百姓家

9.《琵琶行》

10. 莫言，《蛙》《红高粱》《生死疲劳》……

11. 老舍

12. 荷马

13. 莎士比亚，《哈姆雷特》

14. 笛福

15. 托尔斯泰

16. 雨果

17. 贫困（最大的特点）、幽默、镇静，《人间喜剧》

18.《昆虫记》

19.《莫里哀》

20. 豪放派词人代表：苏轼、辛弃疾；婉约派词人代表：李清照、柳永

二、选择题

1. B　2. C　3. B　4. C　5. D

6. A　7. C　8. B　9. C　10. D

11. B　12. A　13. C　14. D　15. A

16. B　17. C　18. B　19. A　20. D

三、问答题（略）